中学地理项目学习的课程实施

林培英　张丽雅　著

山西出版传媒集团　山西教育出版社

图书在版编目（CIP）数据

中学地理项目学习的课程实施／林培英，张丽雅著
． — 太原：山西教育出版社，2024.6
（项目学习进行时／蔡可主编）
ISBN 978-7-5703-0910-8

Ⅰ．①中⋯ Ⅱ．①林⋯ ②张⋯ Ⅲ．①中学地理课—教学研究 Ⅳ．①G633.552

中国版本图书馆 CIP 数据核字（2020）第 010661 号

中学地理项目学习的课程实施
ZHONGXUE DILI XIANGMU XUEXI DE KECHENG SHISHI

策　　划	王　媛
责任编辑	裴　斐
复　　审	海晓丽
终　　审	康　健
装帧设计	王靖越
印装监制	蔡　洁

出版发行	山西出版传媒集团·山西教育出版社
	（太原市水西门街馒头巷7号　电话：0351-4729801　邮编：030002）
印　　装	山西三联印业有限公司
开　　本	720 mm×1 020 mm　1/16
印　　张	13.75
字　　数	170千字
版　　次	2024年6月第1版　2024年6月山西第1次印刷
书　　号	ISBN 978-7-5703-0910-8
定　　价	48.00元

如发现印装质量问题，影响阅读，请与出版社联系调换。电话：0351-4729588

序
XU

随着课程教学改革的不断推进,以"做中学"、成果导向为特征的项目学习在许多地方备受关注。项目学习不只是教学方式方法的变化,更在于知识观的转型。项目作为开展学习的依托,聚焦学科大概念和学科整合,将点上的知识贯通起来,强调知识的完整性、系统性及其之间的联系。

修订后的新课标提出核心素养,注重个体在解决复杂的现实问题过程中表现出来的综合能力与情意态度。教学目标要求从掌握学科知识转向通过知识达到素质的养成;项目学习正是强调个体在解决真实复杂问题的能力的养成。

项目学习与知识的碎片化学习、"堂堂清"不同,更需要考虑的是知识点之间的联系与整合,课与课之间的衔接;与知识局部深入的应用不同,更需要考虑的是统整式的问题解决。教学重点要聚焦知识的迁移运用,教学进程设计要将核心知识融入典型任务中，引导问题解决。

在教学中要以学生为主体，引导学生自主学习、自动探究。一是教师要善于发现学生自主学习中解决不了的问题、典型的疑难问题，通过讲解、交流、深入研讨，解决问题；二是教学要启发和拓展学生的思维，引领学生进行思路整理，帮助学生迁移，并在实践过程中习得新知识。

"项目学习进行时"丛书的出版，把项目学习理念转化为具体的学科教学实践，为教师将项目学习运用在课堂教学中提供相应的专业建议，同时也给广大教育研究及实践工作者提供了更精准的指导与支持。希望本书问世后，有更多的教育工作者能尝试项目学习，为激发学生和教师的创造力提供更为广阔的空间！

2024 年 5 月

目 录

第一章 项目学习概述

第一节 项目学习概念辨析 / 3
　　一、项目学习的概念及发源 / 3
　　二、项目学习与相近学习方式的异同 / 4
第二节 项目学习设计要素的发展和变化 / 7
　　一、巴克教育研究所的研究成果 / 7
　　二、其他研究成果 / 11
第三节 项目学习的应用现状 / 12
　　一、美国项目学习的典型事例 / 12
　　二、项目学习在我国的应用 / 15

第二章 项目学习的基本问题

第一节 项目学习概念的解析和基本要素 / 21
　　一、项目学习概念的解析 / 21

二、项目学习的基本要素 / 26
第二节　地理教学应用项目学习的背景 / 28
一、项目学习优势与地理课程特点 / 28
二、高中地理核心素养的提出 / 31
三、我国中学地理教学结构和方法体系的发展 / 34
第三节　地理教学已有的项目学习经验 / 36
一、国外地理主题项目学习实例 / 36
二、我国地理主题项目学习的实践 / 40

第三章　项目学习对地理教师的要求

第一节　了解项目学习的理论基础 / 51
一、杜威教育教学思想 / 51
二、学生个别差异理论 / 55
第二节　把握课程内容和适应新角色 / 57
一、有把握课程标准和整合内容的能力 / 57
二、对现实世界中真实问题保有持续的兴趣 / 59
三、适应新的教师角色 / 59
四、有不断改善教学的意识、愿望和能力 / 60
第三节　提高组织项目学习的能力 / 62
一、设计项目 / 62
二、组织学生活动 / 64

第四章　地理项目学习主题的设计

第一节　主题设计概述 / 67
　　一、地理主题的设计范围 / 67
　　二、地理主题的设计要素 / 70
第二节　基于一般学科问题的主题设计 / 72
　　一、基于一般学科问题的初中项目主题设计 / 72
　　二、基于一般学科问题的高中项目主题设计 / 76
第三节　基于社会热点问题的主题设计 / 79
　　一、环境和可持续发展事件的主题设计 / 79
　　二、自然灾害事件的主题设计 / 81
　　三、其他与"地方"有关的事件 / 83
第四节　基于学生身边场景的主题设计 / 85
　　一、源自社会性话题的设计 / 85
　　二、源自资源与生态环境话题的设计 / 87
　　三、源自身边生活话题的设计 / 88
第五节　项目学习主题设计的注意事项 / 90
　　一、在学科内容和现实问题之间保持平衡 / 90
　　二、把握学科知识和项目主题、问题形式之间的关系 / 91
　　三、在教师设置主题与学生选择之间保持平衡 / 92
　　四、在项目设计方案中明确成果形式的表述和要求 / 93

第五章 地理主题项目学习的实施

第一节　项目实施的准备 / 99
　　一、准备项目学习主题 / 99
　　二、安排活动时间和进度 / 101
　　三、安排参与指导的人员 / 102
　　四、准备工具和资源 / 105

第二节　项目实施中的关键方面 / 106
　　一、获取和应用信息资料 / 106
　　二、小组合作完成任务 / 108
　　三、地理实践活动 / 112

第三节　成果的形成和展示 / 114
　　一、成果制作 / 114
　　二、成果展示 / 116

第四节　项目学习实施中教师的指导策略 / 118
　　一、鼓励学生借助成人的帮助 / 118
　　二、线上和线下相结合，解决大班编制带来的困难 / 121
　　三、用精心设计弥补项目学习时间不足的问题 / 125
　　四、用密切联系课标要求的方法应对来自学生的问题 / 126

第六章 地理主题项目学习的评价

第一节 评价的主体、对象与形式 / 131
 一、评价的主体 / 131
 二、评价的对象和评价方法 / 132
 三、根据项目学习过程的本质划分评价任务 / 134

第二节 评价的指标体系 / 138
 一、评价指标体系的维度 / 138
 二、针对不同评价对象的评价体系 / 142
 三、综合评价实例 / 147
 四、评价的反思 / 156

第七章 地理主题项目学习案例

第一节 "北京市养老公寓选址和设计"项目案例 / 161
 一、学生为什么对这个驱动问题感兴趣？/ 162
 二、确定怎样的学习目标和作品？/ 163
 三、项目活动进展顺利吗？/ 164
 四、终于到了展示交流的环节 / 175
 五、总结和反思 / 176

第二节 "小区改造"项目案例 / 178

  一、项目主题和任务 / 178

  二、项目学习目标 / 178

  三、项目活动过程 / 179

  四、项目作品 / 180

  五、论文初稿 / 181

  六、指导教师对论文初稿的评价 / 184

  七、项目学习结束后的所有资料和作品 / 186

  八、教师的反思 / 187

第三节 "保护和传承'宣南文化'"项目案例 / 188

  一、前期——准备和设计 / 189

  二、中期——项目实施 / 194

  三、后期——反思 / 197

第四节 "解决'板厂胡同停车难'问题"项目案例 / 198

  一、为什么从关注南锣鼓巷变为关注板厂胡同？ / 198

  二、确定学习目标和项目产品 / 200

  三、实地调查和初步的想法 / 200

  四、几易其稿的应对方案 / 202

  五、最终的产品及产品交流 / 203

  六、项目学习反思 / 205

参考文献 / 206

后记 / 209

第一章 项目学习概述

第一节
项目学习概念辨析

项目学习是源于美国的一种教学策略或教学方式，英文为 Project-Based Learning，通常使用其英文缩写 PBL。地理项目学习是在地理教学中应用的 PBL，缩写为 GPBL。

一、项目学习的概念及发源

在世界范围内，人们对项目学习有不同的定义和描述的方法。美国巴克教育研究所的研究对项目学习的应用领域有很大影响。巴克教育研究所（BEI）网站介绍 PBL 的页面上写的一句话"PBL 是一个有效且有趣的学习方式"，高度概括了项目学习方式的本质要求。根据 BEI 的定义，项目学习是"一套系统的教学方法，它是对复杂、真实问题的探究过程，也是精心设计项目作品、规划和实施项目任务的过程，学生能够掌握所需的知识和技能"。[1]

一般认为，是美国人最早专门发文系统讨论项目学习的概念。据我们所见，最早的文献是美国学者威廉 H. 基尔帕特里克（William H. Kilpatrick）1918 年发表的《项目方法：进步教育中儿童中心主义》一文（The Project Method: Child-Centeredness in Progressive Education）。在这篇文章中，作者探讨了一个学生深度参与的有意义的学习活动和相应的理论。他的初衷是找到一个概念来统一教学过程的重要方面，这个概念要考虑学生的积极投入、有关学习的法律法规、道德教育的要求、社会情境、学生个人的态度以及有关教育的重要观念。作者最终提出的概念就是"项目方法"（Project Method）。文章列举了一些例子来解释项目方法是一种怎样的学习方式，例如，如果一个女孩特别想做一件时装，最终她也自己设计、制作出来并进行了展示，整个过程就可以说是一个"项目"。作者进一步解释：这个活动是有明确目的的——制作一件时装，且这个目的贯串整体，主导了时装制作的每个过程；这个活动是有社会意义的，最终其他女孩可以看到这件时装；在产品展示时可以清楚地看出女孩是全身心投入制作的，是个有内驱力的活动。作者还假设了其他的例子：一个男孩担任出版学校报纸的工作；一个学生写一封信；一个班级排演剧目；一组男孩组织了一场 9 人棒球赛；3 个学生准备向同学朗读一个故事。这些活动的具体内容不同，但有共同的特点，就是"目的明确""学生投入""认真去做"，也就是说，在这种学习中，学生是主动的。作者提倡让学生做自己学习的主人，去做他们感兴趣且对他们有意义的事情，学会在做事情时考虑整个情境，形成清晰和长远的目标、计划并实施。

二、项目学习与相近学习方式的异同

在地理教学中，有一些教学策略或方式与项目学习接近，如探究学习、研究性学习、问题式学习等。

科学的探究方法是指类似科学家解决问题时使用的方法。与项目学习的特征比较，二者都是学生通过模仿成人解决现实问题来学习的方法，同样注重"问题""获取信息""解决问题""反思结果"等环节,都强调学生的自主性、学习的过程性,甚至都关注概念的形成。二者的区别在于,在实际教学中,"科学探究"不仅作为一种学习方式,也会作为教师的一种教学理念或原则,用于组织日常教学活动,甚至用在启发式讲授活动中。项目学习的形式比探究教学更为确定,它是一种操作性明显的活动。"科学探究"更偏重学术化,项目学习更偏重工程化。二者的关系是,"科学探究"是项目学习的本质过程,也是项目学习的基本活动方式。

我国21世纪初开始实施的研究性学习与国外的项目学习接近。研究性学习在国外称主题研究、项目课程[2]。同探究学习相比,研究性学习与项目学习的共同点更多,项目学习可以看作是研究性学习的一种形式。二者相同的地方有:围绕"问题"展开学习活动;强调学生在选题、研究过程等方面的自主性;面向全体学生等。二者都强调学习不限于书本和课堂知识,关注所学知识在实际场景中的应用;同样注重培养学生获取信息的能力;同样需要学生熟悉研究的一般流程和方法,锻炼准确表达自己的见解和观点的能力。在学生情感、态度、价值观以及意志、品质培养方面,二者的目标也是相同的,特别是激发学生的好奇心,培养学生的合作能力、创新能力等方面。二者主要的差异在于:研究性学习比项目学习更宽泛。特别是在选题方面,研究性学习的主题可以涵盖学生感兴趣的所有方面,而现今主流的项目学习强调与学校课程有关的内容。

2017年底结束的普通高中地理课程标准修订,在"教学与评价建议"中将"问题式教学"作为一个推进学生核心素养形成的重要教学方法。在英文表达上,问题式学习与项目学习的缩写一样,都是PBL。二者有很多共同之处:都强调要研究真实问题;都是课程框架下进行的教学,面向全体学生;都强调学生的自主性；都是用兴趣和动机引导的教学；研究的问题经常是多学科综合的；都在改进学生研究和问题解决的技能，以及合作学习等重要的能力。二者的不同主要在过程和重点上。在学习过程上，问题式学习的形式更为多样，如高中地理课程标准所建议，可以在课堂上用各种方法引导学生展开推理去解决问题；可以是在课下搜集资料后在课堂上讨论解决问题；也可以组织野外或社会的地理考察、调查，获得实用的问题解决方案。问题式学习同探究学习一样，有可能在一节课上完成一个问题的学习，也可以用单元设计的方案用几节课完成。项目学习的形式、时间和空间则相对固定。在学习成果的应用上，问题式学习主要聚焦在问题和解决问题的过程，而项目学习还要关注"产品"。

总之，项目教学与上述教学方式本质上是一致的，表现为：开放、综合、应用、创新、真实性、做中学、跨学科。项目学习的特点是活动的边界清晰、具体，结果形式独特且明确。

第二节
项目学习设计要素的发展和变化

一、巴克教育研究所的研究成果

自 20 世纪初到现在,认同、接受项目学习理念并身体力行的研究者和教师一直在推动项目学习的发展。最有影响的成果之一是巴克教育研究所对项目设计要素的系统化研究的成果。

2010 年 9 月,BEI 发表了题为《项目学习 7 要素》的文章,提出了 7 要素框架,随后又增加了一个要素"有意义的内容",成为 8 要素,被相关研究和实践领域广泛引用,具体有以下 8 点。①有意义的内容:项目学习聚焦在来自课程标准的重要知识和技能以及学科的关键概念。②21 世纪能力:学生在项目学习中要构建的是适合当今世界的各种能力,如问题解决、批判性思维、合作、交流、创新。③深度探究:学生经历开放的提出问题、使用资源和发现答案的过程。④驱动问题:项目任务聚焦在一个开放式问题上,这个问题能够被学生理解并能激发他们的好奇心,引导他们完成任务或探索。⑤认知需求:学生能够产生为推进问题、形成项目产品而获取知识、理解概念和应用技能的需求,为此要有一个能够激发兴趣和动机的开端事件。⑥发言权和选择权:根据学生的年龄和他们参加 PBL 的经验,在教师的指导下,学生可以做出选择,如什么样的产品、怎样工作和使用时间。⑦反馈和修改:项目包括学生给出和获得有关他们工作质量的反馈,引导他们进行修改或进一步探究。⑧公开产品:学生向同学和教师以外的其他人展示他们的工作。

2014年，巴克教育研究所修订了这8个要素，将新的要素标准命名为"PBL黄金标准：项目设计的基本要素"（Gold Standard PBL: Essential Project Design Elements），并于2015年4月在该研究所网站上发布[3]。下面是新的8个要素简介。

1. 学习目标。学习目标包括关键知识、理解和成功技能。关键知识和理解是指学科基本的内容、概念和深度思考。成功技能是指批判性思考和解决问题，与他人很好地合作，有效地管理自己等技能。巴克教育研究所认为，批判性思考、解决问题、合作、自我管理技能、个人独立工作技能是未来成功的基石。根据我国基础教育的语境，我们通常称这些技能为"能力"。学习目标既可以看作是"PBL黄金标准"中的一个要素，也可以看作是被其他7个要素围绕的核心内容。

2. 富有挑战性的问题。这个"问题"即项目学习的驱动问题。在英语的语境下，P问题通常理解为一个需要解决的问题，Q问题通常是指一个需要回答的问题，例如，"我们怎样改进我们学校的循环系统来减少垃圾"属于P问题，而"美国应该发动越南战争吗"是一个Q问题。在"PBL黄金标准"中，这两类问题均可称为项目学习的驱动问题。本书探索的地理项目学习将更多关注P问题。

3. 持续性的探究。"PBL黄金标准"的"探究"与项目学习的关键特点——时间有关。一个"黄金标准"的项目学习要持续几天以上。"持续"的意思是强调PBL中的探究是循环往复的。一个挑战性的问题会在被解决的过程中不断引发新的问题，学生需要不断探究去解决，直到获得满意的结果。从字面上看，这个要素可以用我国地理课堂教师常用的"问题链"来理解。但二者有个最大的不同，就是"PBL黄金标准"中的后续问题多来自学生项目的探究过程，是生成的，自发组织出来的；我国课堂教学的"问题链"则主要由教师根据学科逻辑和教学目标预设，教师大都会按照这个问题链完成课堂教学。"问题链"根据需要也是可以设计的，这种做法可以将学生的学习划分成小阶梯，便于学生循序渐进，但不是这里持续探究的含义。

4. 真实性。"PBL 黄金标准"中的"真实"是指项目学习任务与真实世界联系的程度，包括真实的场景、真实的任务、使用真实的工具、使用真实世界中的标准去评价成果及成果具有的对外界的真实影响等。此外，与学生个人的需求、兴趣、文化、身份等的联系程度，也属于项目学习真实性的范围。

5. 学生的声音和选择。这个要素强调项目学习中学生的主体地位，他们要有机会表达自己的想法，对项目学习的各个方面有选择的权利。

6. 反思。这是指学生和教师在项目进行过程中或结束后，不断思考正在学习什么，是怎样学习的，以及为什么学习。这与教学中普遍使用的"反思"同义。

7. 评论和修改。项目学习要帮助学生学习怎样提出或接受同伴建设性的反馈，并用这些反馈改进项目过程和产品。实际上这是一个过程性评价活动，评价者除了学生同伴和教师外，还包括其他来自真实世界的成人，如校外的专家和家长。

8. 公开产品。"产品"指项目学习的成果形式。"PBL 黄金标准"强调产品公开，是指成果要向同学和教师之外的社会展示，通过强化成果的真实性和社会维度来增强学生学习的积极性，同时也加强与学生家庭、社区和更广大社会的联系，并接受外界的监督。对学生来说，公开产品表明他们可以做的事情远多于得到考试分数；对外界来说，也能了解学生的潜在能力。我们将其理解为开放式教育教学在项目学习中的体现。研究项目学习产品的"公开性"有助于我们解答地理教学在实施"联系实际""联系学生生活"这些原则中产生的困惑。这一点后面会有进一步讨论。

BEI 还专门解释了"PBL 黄金标准"中这 8 个要素与之前相比做了哪些修改、为什么修改，从中我们可以理解巴克教育研究所在推行项目学习过程中的良苦用心。下面也简单介绍一下。

所做的大部分修改是对项目学习实践有导向意义的。例如，旧的表述是将"技能"同"内容"分开的，研究者后来认识到，技能是与内容一起被教授的，放在一起共同作为目标要素，可以避免教学中的人为割裂。这不仅对我国地理项目学习的设计，而且对我国一般的地理教学都有重要的启发。再如，用挑战性问题替代驱动问题，是因为挑战性问题更广泛，有助于课堂处于一种"问题状态"。但驱动问题并没有被否定，仍旧被建议用来聚焦挑战性问题。我们认为，挑战性问题指的是问题内在的特点，驱动问题指的是问题的作用。在本书的地理项目学习研究中，我们还是使用驱动问题来表示处于某种特定环节上的问题形式。在问题内容的特点上，我们则认同巴克教育研究所的观点，需要具有挑战性。用持续探究替代深度探究，是希望将局限在一种情境中的深度探究拓展到多个连续的情境中。用"公共产品"替代"公共听众"，是因为后者需要真实的听众，也就需要学生使用很规范的展示方式。"公共产品"则扩大了学生成果展示的方式，例如，可以在网上展示，用墙报展示，或提供一个在真实世界中可以为人所用的产品。还有的修改是为了便于教师和公众理解项目学习，例如，用"关键知识和理解"替代"有意义的内容"，用"成功技能"替代"大学和职业准备技能"，都是为了方便教师接受，要素本质没有改变。

"PBL 黄金标准"还增删了一些要素。删去的要素是"认知需求"。删去这个要素不是因为它本身不重要，而是因为它是一个表明项目学习意义的说法，并不属于项目设计要素。在项目学习的实施过程中，这一点仍可以在相应的环节中使用。增加的两个新要素是"真实性"和"反思"。

二、 其他研究成果

除了巴克教育研究所对项目学习要素的研究，国际上还有一些机构或研究所也提出过类似的研究成果。例如，国际教育技术协会提出过 PBL 的重要特征，包括：①学生可以根据自己的兴趣和能力形成项目；②学生收集和分析信息、发现和报告他们的结果；③学生使用多种信息来源进行研究；④项目跨不同学科；⑤学生必须使用广泛的知识和技能；⑥项目要经过一段较长的时间；⑦项目包括设计、产品的开发、对其他人展示或让其他人操作；⑧学科背景更加广阔；⑨教学和指导要在大范围的教学目标指导下进行。与巴克教育研究所的"PBL 黄金标准"对照，主要不同在于后者明确提出了"跨学科"的特征。在美国，项目学习因其围绕问题组织课程，被一些课程模式研究者归到超学科课程范围[4]，也反映了项目学习的跨学科特征。本书的地理项目学习将不专门涉及跨学科的问题。

第三节 项目学习的应用现状

一、美国项目学习的典型事例

美国因项目学习开始较早，积累了较多的案例和经验。"公共用地项目"就是一个比较典型的项目学习实例。[5] 这个实例描述一所高中学校的学生和当地社区组织成员一起，将校园内一块荒地改造成一个学生公共用地的真实过程。这所高中学校的校园里有一块荒地，学生和社区的建筑师不约而同地提出了改造荒地、将其变成学生开展活动场所的建议。在各方协商后，由学生、校长、教师和当地的建筑师组成计划委员会，负责设计、筹措经费、重建等事项。不同年级的学生参与符合自己兴趣、适合自己才能的工作。例如，一个进入计划委员会的学生帮助建筑师进行计算机设计，另外一个学生在他的计算机课上设计小册子为公共项目和筹款做广告。这个项目持续了4年。教师期待所有参与这个项目的学生能够获得课程目标规定的技能，包括"建造"（如选址、基本的建造技术、测量等）和计算机技术（如编写"超文本"程序、输入数据等）等，以及在承担这样一个几年才能完成的项目时，体验耐心和责任感。

学生完成的典型任务有筹款和场地建设。学生需要根据预算金额筹集部分款项，开始使用的筹款方式是"捐砖"，学生售卖最终会用于铺设路面的砖块。砖的购买者可以在上面刻上两三行文字，一块砖的价钱取决于所刻文字的数量。根据设计方案，预计捐砖活动可以筹到 1/3 的资金。为此，学生设计了宣传手册，定期寄给家长、地方企业和各种组织；设计了网站为"捐砖"活动做广告。计划委员会还设计了数据库追踪用砖的订单，吸收选修商业课的学生来监督活动的日常细节、更新数据库、录入、加工和确定订单。为鼓励学生卖砖集资，规定他们可以从收入中提成作为班费用于野外旅行、舞会和其他专门的活动。

场地建设包括一些设施的建设和景观美化。计划中的测量、拆旧、建设和美化景观以及由谁来做都是庞大的任务。面对这些困难，一位建筑领域的教师提出可以用开选修课的方式解决。他开设了一门建筑课，选课的学生动手实践，参与到场地建设的各个方面。建筑课的第一年是每周 1 次 2 个小时，后来拓展到每周 2 次共 4 个小时。选修建筑课的学生要像一个产品团队那样工作，在规定时间内建成一个木台和一条水泥道路。当遇到学生难以承担的任务时，学校会邀请社区组织的成人义务帮助完成。学校还开设了园艺学课程，修习该课程的学生负责种植和维护公共用地的草地和树木。

参与公共用地建设的学生都能获得相应的学分。选修建筑和园艺学的学生获得选修学分；在公共委员会和学生会工作的学生获得领导力学分；录入数据和设计手册的学生则在他们的商业和计算机项目课上获得学分。

教师对学生的评价基于学生在公共用地项目中的贡献和表现，例如，工作是否完成？是否筹备了足够的款项？在建筑和园艺学班的学生，教师根据他们的参与情况打分；学生会和公共委员会的成员，教师则根据他们的参与情况给予在领导力方面及格或不及格的评价。

相关人员在反思这个项目时说，这是一个富有挑战性的长期项目。当组织者意识到需要花费 4 年的时间时，会担心学生和委员会成员是否有持续的兴趣和支持，但是实际没有出现这样的问题，每个人都了解并且在一定程度上参与了这个项目。已经毕业的学生回到校园来关注项目的进展，更小的学弟、学妹期待升到高年级后可以参与。项目过程也遇到一些困难，例如，实施两年后，计划委员无法继续推动项目，于是开设建筑课，使这个项目成为学校学术框架的一部分。

另一个挑战是在清理了旧公共空间之后，人们不得不长时间面对一个被"毁坏"的空间。学生每周在空地上只能工作2—4小时，进展很慢，但最终成果还是出现了。完成木台制作是个里程碑事件，因为它是第一个实实在在的标志，展现公共用地正在逐渐成为最终人们期待的样子。教师认为这个缓慢、有时似乎停滞的过程对学生是一个伟大的学习体验，不仅因为他们获得的技能，还因为这是一个看到明显的变化会随着时间慢慢出现的机会，使学生意识到，不是所有事情都是立刻发生的。

这是一个实实在在的项目学习的典型例子。学习过程要素包括技能目标、挑战性驱动问题、真实性、较长时间、学生参与、产品公共性，与园艺学、计算机技术、管理学等课程学习有直接关系，甚至还因项目学习生成新的选修课。此外，这个过程让学生有了"不是所有事情都是立刻发生的"这个重要的人生体验，这在设计当初恐怕也是教师没有意识到的。

放到我国中学教育教学的背景下，遇到这种背景和真实需要的学校可能不多。但这个项目学习与学校课程的关系很有特点，值得思考。按照巴克教育研究所的观点，当今流行的项目学习更倾向于密切联系课程标准。在联系的具体方式上，有在必修阶段进行的面向全体学生的项目学习，也有利用选修课程面向部分学生的项目学习。这个项目学习实例除了联系已有的课程如计算机课程、园艺课程外，还开设了新的选修课。这种项目学习与学校校本课程建设互动的做法，也给了地理教学中应用项目学习新的启示。

二、 项目学习在我国的应用

我国从 21 世纪初开始，就陆续有些教育教学领域的文章使用"项目"一词，如"项目活动""项目课程""项目研究""基于项目""项目教学法""项目式学习""项目学习"等。比较早的与项目学习相关的文章多出自职业教育和幼儿教育领域。直到本书完稿，大学教育、职业教育、幼儿教育领域项目学习应用的文章还占多数，中小学使用项目学习的成果数量并不突出。《项目学习——信息时代重要的学习方式》一文是中小学教学研究中较早使用"项目学习"概念的。该文从学习方式的角度讨论，认为项目学习"不是从学习的目的或特征来说的，而是从学习的方式来说的"，并强调与当时流行的"研究性学习""综合性学习""创新学习"等方式的不同。[6]

我国教育中的一些课程与"项目"有天然的联系，如劳动技术教育课，本身就比较容易通过制作某一特定的产品来完成教学。此外，人们很自然地同正在使用的其他方式联系起来，将项目学习作为他们所熟悉的教学方式的一种实施途径，例如，综合实践活动课程、计算机技术课程、通用技术课程等。

从我国近十几年发表的相关文献看，我国基础教育对项目学习的研究和经验大致可以分为以下几类：①国外经验介绍，包括项目学习理论和教学经验，例如，对国际文凭组织中学项目课程的介绍，对美国项目研究模式、项目学习案例的介绍等。②项目学习理论的研究，例如，项目学习与多元智力理论的关系研究等；③作为课程（评价）模式的整体研究，例如，对学科学习框架下项目学习的研究、网络学习与项目学习整合的研究、项目学习中的评价研究、项目学习与学校个性化发展的研究、项目课程实施过程中出现的问题及对策研究等；④作为学习方法，主要是研究项目学习本身的方法、问题等。在这四类文献中，作为教学方法的研究和实践数量最多。

下面是我国项目学习实践的几个实例，以方便读者了解我国教师对项目学习的理解。

▶ 实例1 3D书签制作项目学习

> 主题是小学信息技术课的内容。在原有教学概念中，3D建模设计只是课程中的一个具体知识点。在项目学习框架下，学习的对象变成生活中的具体事物，如书签。学生通过书签制作项目，深入了解2D转3D的学习。教师设计的环节包含：选定项目、设计驱动问题、导入情境、制订计划、分组分工、活动探究、作品制作和成果交流。学生分成小组，从不同途径收集资料，进行记录；他们在课堂上通过头脑风暴集思广益，或者在课后利用微信交流。学生将收集到的各种书签集中到一起，总结出书签在形状、大小、厚度、装饰等方面的特征，然后利用3D建模软件制作书签，最后利用PPT等多媒体工具展示自己的作品。[7]

▶ 实例2 环境方面的项目学习

主题是秦淮河的水质、生态和环境，领域是初中环境伦理教育。该项目由5个子项目组成，分别是"秦淮河源头的水质、生态和环境""流经城市的秦淮河""曾经的秦淮河""秦淮河的治理""展望秦淮河的未来"。每个子项目下面又分为若干个独立设置目标的内容，例如，在"秦淮河源头的水质、生态和环境"子项目下有内容 1"森林公园与森林"，目标是"培养学生对自然的亲近感，激发学生爱护大自然的情怀"；内容 2"源头的泉水和溪流"，目标是"使学生从实践中深切体会保护源头水、水资源及其生态环境的重要意义"；内容 3"物种与生物多样性"，目标是"使学生认识并体会绿色植物及其生态系统的价值"；内容 4"珍稀濒危物种"，目标是"唤起学生对珍稀濒危物种保护的强烈意识和责任感"；内容 5"动物与鸟类"，目标是"培养学生关爱生命的情趣、态度和习惯，尊重生命和生物圈的价值和权利，形成保护物种及其生态的意识"。这个子项目为学生布置的学习任务包括："呼吸清新空气，感受林中气息。用视觉、听觉、触觉和心灵体验大自然的色彩、声音和变幻等""观察泉溪周边的植被和生态，取水样观察、检测其浑浊度、颜色和 pH 等""在事先确定的样方内进行物种调查和统计，了解物种多样性的丰富程度""认识'宝华玉兰'，了解其作为物种的经济价值、美学价值，观赏、描述、记录、摄影（或绘画、素描）""识别并了解森林公园的代表性哺乳动物和鸟类，观赏、描述、记录、摄影（或绘画、素描）。"学习的成果汇报主要指个人在整个项目学习过程中的认识和表现，具体形式是小论文。[8]

第二章 项目学习的基本问题

第一节
项目学习概念的解析和基本要素

我们综合已有项目学习的概念和过程描述，吸收一般项目学习的基本概念和基本要素，结合自己的研究认为，项目学习是一种通过做项目的方式来达到学习目标的学习方式，由真实问题（任务）、行动过程、公共产品3个关键要素组成。

一、项目学习概念的解析

理解地理项目学习的独特之处，可以先从字面理解。项目学习的两个关键词就是"项目"和"学习"，项目学习是"项目"和"学习"在课程框架下的组合。

（一）"项目"

"项目"是管理学中的概念，在日常活动中经常遇到。从"项目"本身来理解项目学习可能会容易些。"项目"与"日常运作"对应，"日常运作"是连续不断、周而复始的重复活动。我们说的常规教学，往往就是指课堂教学的"日常运作"。"项目"是指完成一些有特殊目的的任务，需要相应的人员、有限度的经费、有限的时间、特殊的规范、多种资源需求、特殊的考评方式等一些特殊的要求。项目完成后，团队解散，这件事就不存在了。开发一个新的校本课程、策划一次大型团队活动、组织一次教师的系列培训等，都可以用项目的方式进行。项目学习就是把做项目的形式应用到课程实施中，让学生通过"做项目"来学习。假设学生要立一个学习项目，他（她）就要像成人立项一样，选择题目、撰写申报书、获得资助（帮助）、完成项目、进行结题汇报、接受评价、推广成果。

1. 需要学生确定题目

常规的上课，学生学什么、做什么一般都是教师事先预设好的，不需要学生自己确定。即使常用的学案，实际上也是教师教学方案的一部分。项目学习，则需要学生自己确定题目，至少要确定所做"项目"的主题或问题。

确定主题看似不难，其实融入了很多非常规教学的东西。首先，学生的自主性和主动性被放到前所未有的位置；其次，需要学生运用自己的知识基础和生活经验，否则他们可能无法确定教师预设的问题哪个适合自己，更难以发现或提出教科书以外的问题。

2. 需要学生撰写项目书

目前，中学大部分项目学习很少让学生撰写项目书，最多是制订简单的计划。撰写项目书实际包含一些学生在常规教学中较少经历的事情，例如，明确和表述一件事情的目标、预先判断任务的难点、为完成任务设计一个路线图或框架、有效安排完成任务的时间等。

3. 项目强调地理课程目标、内容和方法的综合

这种综合可以体现在地理课程不同主题、知识与能力、课堂内外等方面的综合。例如，"展示我们理想的居住地"可以作为一个项目学习的主题，将课程标准要求中有关人口、聚落、城市化的相关内容整合起来。

4. 项目学习注重实际操作过程

在常规教学中，学习主题可以是内容本身，例如，"北京交通"可以是一个地理学习的主题名称，但不是"项目"名称。"改善北京交通"才是一个项目名称，其中包含了"行动"要素，例如，通过调查研究提出一个具体的改善方案。

5. 学习时空发生改变

项目学习与常规教学相比，学习空间发生了变化，从单一的课堂变成了课堂、校园、社区等多个空间的自然融合。在时间维度上，常规学习的时间主要按照传统的"节"或"堂"来计算，项目学习则需要更多的时间，至少要多于一节课，还需要利用校外时间，否则无法完成项目学习必要的环节。

6. 项目有明确的"产品"

这是项目学习与其他学习方式最大的不同。常规学习也有学习成果，课堂上临时的小组讨论，或课外小规模的收集资料也有成果展示部分，例如，学生收集了什么资料，进行什么讨论，得出什么结论或设计出什么规划。但大部分情况下，这些成果都是学生书本知识学习结果的表现。项目学习的成果强调的是类似"产品"的成果。产品是指"能够供给市场，被人们使用和消费，并能满足人们某种需求的任何东西"。项目学习的"产品"自然不能完全按照真实市场产品的性质去要求，使用"产品"一词是为了强调学习成果的社会意义。例如，学生为了学习聚落的知识，用合作、探究等方式形成了一个居住地的选择方案。但如果这个方案只有教课的教师感兴趣，或者只有同班学生感兴趣，对其他人群没什么意义，那它还不是项目学习中定义的"产品"。如果学生搞出了一个所在学校校园改进方案，学校领导觉得很好，甚至采用或部分采用，就可以认为这个成果具有"产品"的性质，可以为教师与学生这个共同体之外的人所用，或引起他们的关注。也有人认为，项目一定是为别人做的，为自己设计一个旅行计划一般不叫项目，表达的也是这个意思。本书没有这么严格的区分，学生也可以为自己设计"产品"。明确项目学习的这个特色，可以帮助地理教师更好地组织"项目学习"，特别是在评价学习成果时，除了评价学生的表现，也要专门评价"产品"。这个特点还为如何使学生真正感到地理课程是联系实际的、有用的，提供了重要的思路。

"产品"虽然重要，但它只是项目学习成果有形、有用、公共等特质的一种指代。项目学习还有其他同样重要的成果，如"学会欣赏"，以及在学习过程中生成的体验、感悟等，这些收获应该在"产品"中得到充分的表现。

本书取"项目"的本意，将与课程有关的、学生可以把握的真实地理问题解决事件作为"项目"，在这个框架下进行实践、总结和讨论。项目学习同任何一种学习策略一样，都是系统化的，是由若干个关键要素，或者由一系列有内在联系的互动组成的整体。项目学习的系统化可以简单表示为：任务—行动—产品。其中"任务"包含要解决的重要问题，这个"任务"可以表达为"问题"，例如，怎样解决北京某个地点的交通拥堵问题？也可以表达为一种需求，例如，在某个路口修建一座过街天桥，需求最终也是要解决某个问题。项目学习操作起来比较复杂，地理教师可以从改善课堂教学的目的出发，根据自身的条件逐步去尝试。

（二）"学习"

项目学习毕竟是一种学习策略或方式，而非成人世界的生产活动，所以"学习"的特质与"项目"同样重要。根据已有的理论研究和国内外教师的教学实践，"项目学习"越来越倾向于密切联系学校的课程，而不是游离于课程之外的"锦上添花"。从

"学习"的角度，项目学习有如下要素：

1. 为落实课程标准服务

作为一种学习活动的标志，项目学习的内容是落实课程标准要求的一种途径。在项目学习的过程中，学生可以更好地获得知识、应用知识、增强能力、优化品质，达到课程标准的要求。

2. 面向全体学生

既然是针对课程标准要求的学习活动，自然应该是面向全体学生的，是一种计划内的、必须经历的学习活动。根据我国中学地理课程的设置，面向全体学生可以理解为面向修习课程的全体学生。必修课中的项目学习，要求全体学生参加；选修课中的项目学习，要求选修课的全体学生参加。

3. 拟解决问题的难度符合学生的年龄

项目学习固然需要解决实际问题，但这些问题一定是学生在特定条件下可以解决的。我们不能用成人的标准要求学生，所以，所谓的"解决"是相对的，或者是部分的、阶段性的。"解决"也不排除一些较为理想化的、指向未来的结果。

4. 教师与学生合作

项目学习是以学生为主体和主导的活动，但作为学校学习活动的一部分，项目学习也是需要教师系统指导的，这与研究性学习不同。教师的指导可看作是教师与学生的合作过程。

5. 成果计入学生学业成绩

作为课程标准落实的一种方式，项目学习的评价结果要计入学生的学业成绩。

二、项目学习的基本要素

在前人项目学习研究的基础上，本书归纳了项目学习特别关注的基本要素。为了方便记忆和使用，减少要素的数量，我们聚焦在真实问题（任务）、行动过程、公共产品3个关键要素上，体现"任务—行动—产品"这一本质过程。这个过程和要素也与《普通高中地理课程标准（2017年版）》提出的"地理实践力"核心素养内涵高度吻合。

（一）真实问题或任务

这个要素指向解决一个"真"问题，或完成一个有现实意义的任务。"真"更多的指问题出自现实生活，且经过学生的思考和选择，与学生自己有较大的关系。在问题形式上，P 问题是比较理想的项目学习驱动问题；Q 问题则较多地体现知识体系框架下的问题，或者虽然真实，但离学生较远。例如，热点问题"一带一路"，可以问："什么是'一带一路'？"也可以问："我国为什么提出'一带一路'倡议？"或者问："我们应该共建'一带一路'吗？"这三个问题深度不同，但都属于 Q 问题。对学生来说，这些问题设置的目的主要是地理知识学习或思维训练，更适合用其他活动方式如课堂辩论、论文撰写、课堂上直接的问题讨论等方式解决，项目学习方式并非是最合适的。

只要是"真"问题，本质上都是学科综合的，无法回避跨学科的问题。但本书中的地理项目学习仍旧是以地理问题为核心，在这个前提下处理跨学科的内容。

"真"问题或解决现实问题的"任务"，内含了项目学习的空间：打通课堂内外和学校内外，有确定的任务要在真实的社会场景中完成。

（二）规范的行动方案

"规范"指按照"项目"的规范制订行动方案，培养学生行动设计的能力，例如，收集信息、提出目标、找出关键问题、利用资源、安排时间、分工、确定成果形式等。这种规范的训练可以更多体现出项目学习的独特价值。

（三）有效的行动过程

"有效"指项目学习需要有真实的解决问题的过程，并且能真的解决问题，这一点也用来区别传统教学中广泛使用的地理实践活动。大多数地理实践活动并不要求学生真的去解决什么问题，一般只要求提出一个泛泛的"建议"。项目学习的成果也可能只是一个解决方案，但这个方案是认真研究出来的、有针对性的、具体的、可操作性较强的。这个要素最关键的是"行动"，而真实的行动往往需要使用多课时，一般至少在两周以上，所以时间是行动有效的一个保证因素。

（四）公共产品

这里直接采用巴克教育研究所对项目学习成果的表述，成果要成为"公共"的，就需要"展示"。产品形式和展示的途径有多种。

上述 4 个要素是相互关联的。学生的项目学习毕竟是"学习"，也许不可能在短时间内就能达到上述要求，只要朝着这个方向尽量去做就可以了。至于一般项目学习研究中提到的其他要素，如课程标准、合作学习、反思等，本书这样理解和处理：达到课标要求、培养各种能力等，我们将其视为项目学习的目标；对于"合作学习""反思""展示"等要素，本书将前两个要素纳入"有效的行动过程"，后一个要素纳入"公共产品"。

⦿ 第二节
地理教学应用项目学习的背景

一、项目学习优势与地理课程特点

（一）项目学习的自身优势

从目前的文献看，证明项目学习有效的精确量化研究成果还不多，大部分对项目学习成果的说明都产生于实践者对学生表现的评价。对教育教学现象来说，这种主观性较强的"质"的研究不可避免，也是不可缺少的，在某种程度上也可以证明项目学习的有效性。

很多项目学习的拥护者和实践者描述过项目学习的效果。仍以巴克教育研究所的研究为例，该所研究了来自学校各个年级和学科的数千名教师项目学习的经验，回答了为什么美国和世界上有这么多的教育工作者对项目学习感兴趣的问题。他们认为，项目学习是一个有效、有趣的学习方式，能够提升学生深度学习的能力，而这种能力为成功的大学学习、职业生涯和公民生活所必需。具体来说，项目学习（PBL）的优势有：让学校更吸引学生，使学习与真实世界建立联系；可以改进学习方式，使学生深入理解所学知识，更长久地保持并能在新情境下应用；形成为大学、职业和生活必需的、超越基础知识和基本技能的成功技能，包括主动性和责任感、自信、批判性思维、问题解决、团队合作、观点交流、自我管理等，这些也是现今课程标准所要求的，项目学习有助于达到课程标准的目标；为学生提供使用技术的机会，建立与专家、家长和社会各界"听众"的联系；加强了师生之间的联系与合作，使教学更有趣和更有价值；建立了学校、学生与社区、真实世界的联系，使学生学习如何与成年人和各种组织打交道，发展他们的职业兴趣；提高了教育质量。教师的反思也能说明他们对项目学习效果的认可：PBL 是教师贯穿单元的方法，同样的内容，相比阅读教科书，在项目学习中，学生会更好地记住，因为他们是在学习，他们会使用更多的技能进行研究。当他们自己有所发现时，他们会从中学到更多，也更能投入进去。

对于教师最为关心的项目学习与学生学业成绩的关系也有一些研究结果。据一些学者的研究证明，学生在 PBL 课堂上能够比传统课堂上获得更高的分数。

也有研究认为项目学习的效果对于不同学习内容是不同的，或者认为项目学习在培养能力和情感方面的作用明显，但在提高纸笔考试成绩上并不显著。这个问题更多的与评价方式有关。

我们对我国一所中学参加项目学习的学生进行过问卷调查，有 62.5% 的学生表示愿意参加项目学习，另有 31.3% 的学生表示"无所谓"。在问及原因时，愿意参加的学生中有 84.4% 表示"有助于锻炼我的个人能力"，有 46.9% 表示"对地理项目学习感兴趣"，有 40.6% 表示"可以将所学知识运用于实际"。在问及有什么收获时，有 90.6% 的学生选择"锻炼了我的个人能力"，有 68.8% 的学生选择"加深了对所学知识的理解"，有 65.6% 的学生选择"提升了我的团队协作能力"。虽然这只是一个小样本调查，且学生的收获与否也与教师的设计和指导有关，但也能看出项目学习对学生发展的作用。

（二）地理教学联系实际的特点

与其他学科如数学、物理、化学、历史等课程比较，地理课程内容是最"实际"的。它的每个课程标准点都指向真实世界的事象，即使是一些原理性的知识，同上述学科相比，抽象程度和普世价值也较低，在某种程度上还是"事实"，例如，地理学的看家原理——自然环境的整体性和差异性、三圈环流等。地理课程多是利用一些基础学科的原理、方法去理解、解释地理事象。如此联系实际的课程对学生来说却并不一定如此，因为很多时候，教学的内容对学生没有"个人意义"，与自然有关，与世界有关，但与"我"无关。作为纯知识来学还可以，到解决现实问题时，就会遇到较大的问题。地理教师已经注意到教学内容对学生个人意义的问题，上课时尽量联系学生身边的熟悉情境。对项目学习的研究又使我们从一个新的角度认识了什么叫作"联系实际"，什么叫作"有用"，这个角度就是项目产品的"公共"性质。与其他学习策略或方式不同，项目学习不仅强调有形的成果，而且强调产品要对本课程教师、同学之外的人员，如学校管理者、其他课程的教师、社区人员、家长等有意义，即产品要有课堂之外的意义和价值，可能有与学校无关的人会去关注、会去使用。过去地理学习的成果展示只要教师认为好就行了，最多同学也认可，或者自己觉得完成任务也挺满足。有时成果的对象也貌似很"公共"，如对整个国家或某个产业、某个地区提出建议，但或者很宏观，仅作为学习的一个道具；或者没有与建议对象有必要的沟通，只是自说自话，建议虽然好甚至可行，但是对学生来说谁去用并不重要。很多地理研究性学习、综合实践活动都具有这样的性质。项目学习对成果"公共性"的强调，为解决地理学习联系实际的问题提供了新的思路。

二、高中地理核心素养的提出

2016 年，中国学生发展核心素养研究项目组发布研究成果；2018 年，教育部颁布《普通高中地理课程标准（2017 年版）》，这是地理教学应用项目学习研究的重要社会背景。"中国学生发展核心素养"与"地理核心素养"的内涵和要素是项目学习研究和实践的理论依据。

（一）中国学生发展核心素养与项目学习

中国学生发展核心素养框架包括三个方面：第一，自主发展，即自主性，包括培养和发展身体、心理、学习等方面的素养；第二，社会参与，即社会性，包括处理好个体与群体、社会与国家等之间的关系；第三，文化素养，也就是工具性，包括掌握应用人类智慧文明的各种成果。[9] 项目学习作为一种教学策略或教学方式，本身就具有这三个方面的特质。当今的项目学习强调以课程标准为基准，将获得特定的知识和技能放在核心位置，是提升学生文化素养的一个可选择途径。在这个前提下，项目学习突出学生学习的社会性，例如，关注真实世界的问题，采用合作学习的方式，在与社会问题打交道的学习过程中，逐渐培养学生的社会参与素养，学会处理自己与他人的关系。这对学生的学习、生活、发展都非常重要。

（二）地理核心素养与项目学习

高中地理的 4 个核心素养为：人地协调观、综合思维、区域认知、地理实践力。为了实施基于地理核心素养的教学，高中地理课程标准提出了"重视问题式教学"的建议。建议的核心是教师应引导学生运用地理的思维方式，建立与"问题"相关的知识结构，并能够由表及里、层次清晰地分析问题，合理表达自己的观点。教师要特别关注开放性的没有标准答案的问题。[10]前面已经讨论过项目学习与问题式教学或问题解决式学习的关系。项目学习可以作为地理问题解决式教学的一种途径，即用做项目的方式解决一些地理问题，在这个过程中逐步形成地理核心素养。

项目学习具有价值观教育优势。人地协调观是一种用于处理人地关系的价值观。价值观的形成与知识的获得和能力的形成都不同，它需要学生获得一定的知识，但仅有知识并不一定能形成特定的价值观。价值观只有在行动中，在面对和处理需要价值判断的事物面前才能表现出来，也才能更好地形成。项目学习不仅同问题解决式学习一样，更有可能面对复杂的、两难的现实问题，而且项目实施本身也同样具有价值判断过程。例如，学生需要完成一个有关快递业发展的项目研究，或者是如何解决快递业包装造成的资源浪费问题，或者是如何解决快递点设置的便利性与小区秩序和安全的矛盾，或者是如何让一件货物的运输路线最经济，这些项目主题或驱动问题的解决要运用人文地理学的一些原理和知识，同时需要学生进行价值判断，需要他们在自己是否选择快递、如何选择的问题上做出行动决定，而非仅仅验证或机械应用某些书本上的原理知识。项目驱动问题的设置或选择本身也能反映学生的价值观倾向，例如，看学生是否认为快递业不仅改变了交通运输方式和布局，也会产生资源和环境问题。在实施项目时，去哪里查找资料，采纳什么样的资料，甚至外出调查使用的交通工具和调查用品，都在一定程度上反映学生的价值观倾向。

项目学习具有训练综合思维的优势。高中地理课程标准主要规定了综合思维的内容视角：要素综合、时空综合和地方综合。

这个素养是在思考复杂地理问题过程中形成的，也在思考复杂地理问题中表现出它的品质。基于课堂和书本的地理学习也需要面对复杂的地理问题，但主要是"给定"的情境，在教师细致的指导下，复杂的情境因为"给定"而变得相对简单；如果教师提供固定模式的思维"套路"，问题会变得更加简单。但项目学习涉及较多的不确定因素，学生不能预测出所有会发生的事件，而低结构的现实情境会比书本知识更复杂。书本知识即使暂时弄不懂，也可以先记背下来，按照某种方法回答出纸笔测验的题目，但项目学习需要学生必须真的处理好遇到的各种问题，否则就有可能拿不出作品。所以项目学习更需要学生的综合思维，并且是在综合基础上的思维灵活性和丰富性。反过来，项目学习培养的思维综合性、灵活性和丰富性又能促进课堂和书本知识的学习。

地理实践力素养与项目学习的关系一目了然，特别是地理实践力素养中规定的"社会调查"场景与项目学习直接相关。"野外考察"和"地理实验"场景下应用项目学习，则需要对已有的地理野外实践活动做些调整或重新设计，使这些活动不仅仅是学生应用书本知识的过程，更是获得新知识、新能力、新感受的过程，是解决学生所关注的地理问题的过程，这样的项目学习推动了地理学习践行理论与实践的结合。

高中地理课程标准修订过程中提出地理实践力素养，主要是针对过去地理课程有忽视地理实验、地理野外考察和地理社会调查这些最具地理特色实践活动的倾向。广义的"实践"还包括其他类型的学习活动，如制作等，都可以通过项目学习继续做下去。

三、我国中学地理教学结构和方法体系的发展

引入项目学习是我国中学地理教学结构和方法体系不断发展的一个表现，它可以作为整个课程内容重组的方式之一，也可以作为某些主题教学的方式之一。

课程内容重组，是指将整个课程内容按照项目学习的形式重新组织。前面已经说过，本书不讨论将课程学习本身作为"项目"的项目学习方式。这里的重组内容，是指选择若干真实性较强的"大问题"作为主题，将相关内容整合起来，采用项目学习的方式完成。将项目学习方式转化成项目课程方式，目前我国还没有人做过。在我国目前的课程体制下，受学校管理和大型考试的约束，实行的可能性暂时不大，除非在一些自主性较强的"未来"学校中有可能尝试。

可操作性较强的方式是选择一些主题用项目的方式来学习。这种方式在与课程的关系紧密度上也有两种可能：一种是紧密型，一种是松散型。紧密型是指规定的课程内容主要通过项目学习来完成；松散型是指规定的课程内容还是通过常规课堂教学来完成，项目学习作为辅助，或是强化学生知识的掌握和应用，或是培养学生的能力和社会责任感。在不同的项目学习方式下，主题和驱动问题的选择各有侧重。

在应用过程中也需要避免只追求新名词的现象。随着课程改革的不断深入，人们接触到越来越多的新概念、新方法、新模式，但这些新的东西未必都能马上应用到我们习惯的课堂教学之中。这时会出现不同的做法，如创造条件，积极尝试新方法或新模式；或者吸收新方法、新模式的部分内容，融合到自己习惯的教学中。这两种方法都是可取的，有积极的意义。但还有一种方

法，就是仅使用新方法、新模式的名称或概念而放弃本质要素。例如，使用项目学习的概念，但放弃项目学习一些本质的特点，仍旧以"一课时"为单位，在课堂之内组织学习。这时不论具体活动如何组织，都不再具有项目学习的特质。在倡导探究学习的初期也有大量类似的情况，在无法把握探究学习本质特征的情况下，把一些不具有探究性质的活动也称为"探究学习"，造成了很多对探究学习的误解，影响了对探究学习的认识和真正推广。这是需要尽量避免的。

第三节
地理教学已有的项目学习经验

一、国外地理主题项目学习实例

（一）地理主题下的项目学习

国际上的一些发达国家如美国，一般小学和初中阶段不单独开设地理课程，地理知识多在社会类课程中学习。有关国外区域地理项目学习的实例，主要集中在地理信息能力的培养和建立学生自己对所学区域的认识框架。例如，学生分析世界上各个国家的数据资料、阅读图表、为世界地图涂色来展示某些内容，最后写一段文字总结所获得的信息。在这个项目学习中，作为知识目标的关键词是"世界地理"。这是一个针对年龄较小儿童的项目学习，突出了学生的参与和主动学习，也突出了信息意识和能力的形成。但仅从这些资料看，项目学习的特征并不明显。首先，这里没有一个明确的项目主题或驱动型问题，只有一个模糊的开始，基本属于探究学习的过程。我国区域地理教学中也有教师使用类似的方法，不同的是，我国地理教学如果有类似的学习活动，也多在一节课上完成，国外则更有可能延续到课外。因此，同样的教学目标和方法，在我国可能构成一堂课的某个环节，在美国这样的国家，就有可能延续成项目学习这类的学习活动。

再如，主题为"海外儿童"的世界地理项目学习，适用于2—10年级的学生。核心概念是"儿童关怀"和"世界地理"，目标是探索世界地理，持续大约 4 天时间。学生需要参与一个儿童关怀、儿童援助的活动。在这个课程里，教师引导学生关注海外贫困儿童的生活状况，让学生先讨论世界上存在哪些悲惨的生活方式，再看看自己能为他们做些什么。项目学习的"有形"产品是学生为贫困者捐款并给那些地区的孩子写信。[11]这个例子给我们的启示是如何将区域地理的知识学习与培养学生对世界各地区的关心这种情感和责任感关联起来，真正把地理教育中的价值观教育落在实处。

有一个例子出自国外的人文地理教学人口部分，但也与区域地理有关。在这个例子中，教师让学生自己选择研究的国家，独立或者与同学合作从经济和移民方面收集这个国家人口的统计数据，并通过制作各种表格、地图和其他形式将这些信息资料可视化，来帮助自己评价所研究的国家。可视化阶段做的分析能帮助学生描绘和评价所研究的那个国家的图景，同时还可以与其他国家进行比较，得出有关国家人口方面的一些结论。[12]

这个例子的关键词："选择"——使一个国家变得与学生个人有"关系"，即这是"我的"或"你的"，借此提高学生参与的积极性；"使用"——将搜集和统计的资料用在解决一个具体问题或回答一个问题上；"生活"——回答的问题与生活有关，如用统计资料去描述和评价所选国家人们的生活质量；"多样（差异）"——不同的学生研究不同的国家，这样对比的可能性就比较大。例如，都去对比所研究国家的生活质量，就会有不同国家的高低之分，能够引发更多的讨论。收集的资料可以用来评价所选国家的"发展水平"，决定它是否是一个可以考虑居住的地方。学生将用这些数据来评价所选国家的生活质量，提出当地政府或发达国家如何改进的建议。收集所选国家移民人口的一些信息，因为这些国家可能是学生因为工作或其他原因计划移民时会考虑的，例如，移民到这些国家会有哪些困难？是否有一些推力和拉力影响人们移入或移出？这些国家的发展水平是否影响一个人迁移过去的决定？通过讨论积极的和消极的结果，回答"我要生活在这儿吗"的问题，分享有关你研究国家的观点。这些任务将调动学生已经获得的知识。

更有意思的学习是在基本事实获取和描述、对比应用的基础上，预测所选国家的未来人口，讨论人口的这种变化将如何影响那里人们的生活。在这种讨论中，学生可能需要继续收集或修改前面制作的图表。

在将人口作为学习的主题时，驱动问题可以有多种形式。例如，"一个人口稳定的国家与一个人口迅速增长的国家，生活质量会有哪些不同？""你研究的国家的人口结构是怎样的？绘制一张人口金字塔图。""有关人口你注意到哪些问题？他们的金字塔50年以后将会是什么样子的？为什么会有这样的变化？""观察你的国家人口的分布。为什么你的国家人口这样分布？"这里面的问题有些是P问题，有些则是Q问题。

这份作业要求学生能够做出多项决定、按期完成任务、独立工作、有效使用时间、与他人合作、关注其他人的看法等。项目最终成果可以是：制作一个演示文稿，绘制图表，撰写短篇纪实文章或者撰写一份论文形式的报告。

地理课上对于国家的研究有多种方式。例如，假设学生要去某个国家参观访问，教师可以提出一些诸如"你们最想看到什么？""你需要会哪种语言？"的问题。我国初中世界地理课上也有类似的学习，例如，去某个地方旅行，需要准备带哪些必备的东西。不同的是，我们教师的问题多是针对一些知识点的，例如，在某种气候条件下，某个季节去应该带什么衣物？但诸如"想看到什么""可能看到什么"这种开放性的问题还比较少。

（二）针对社会热点问题的项目学习

教师和学生可以用做项目的方式积极应对生活中发生的大事，如自然灾害。当美国发生一起重大自然灾害时，各级学校和学生都会做不同的项目。一所小学的学生启动了帮助灾区学生的项目，学生学习有关洪水及其对人们生活影响的知识，用头脑风暴的方式讨论如何帮助灾区的学生，并募捐了钱和学习用品一同寄到灾区。一所中学的学生做了一个"社会如何预防不可知的自然灾害"的项目，学生阅读"最危险的游戏"短篇小说，思考"生存策略"，使用地图、地理空间设备和技术探索人与自然的相互关系，制作自然灾害下求生的资源网站，还举行了一次筹款活动来帮助自然灾害中的受害者。学生在项目学习中探索不同地区自然灾害的影响以及它们如何导致资源短缺，收集和分析数据来决定最好的支援方式，并为经常发生这种自然灾害的地区准备防灾计划。一所高中的历史教师设计了一个项目：我们帮助灾区的最好方法是什么？学生选择聚焦在一些灾区，通过咨询专家形成了他们的帮助方案。一所大学预科高中的学生投入一个救灾项目，驱动问题是"我们怎样确定问题并提出实际解决方案来帮助受灾的社区？"学习过程中，学生与应急管理机构和灾难营救机构的成人专家互动，边学习边制订方案。[13]

（三）解决身边问题的项目学习

身边的问题是国外项目学习常用的主题。例如，"为自己所在城市做规划"就是一个从小学到高中都可以使用的项目主题。还有些项目主题的背景是学生活动中的真实事件。美国有这样一个例子，一位地理教师得知政府有意向在自己高中所在教学区域内开办一所新初中校。这位教师觉得，建新的初中校会改变这所高中的学术和社会环境，对学生产生不利影响。这位教师决定把这个事件发展成一个教学机会，他为人文地理 AP 班设计了一个项目，包括阅读和解释资料、定义一个地区等，可以满足课程的目标。学生需要查到可靠的资料以便进行研究，并回答一些关键问题，例如，基于当前的人口资料，这个地区是否需要一个新的初中校？如果需要，它应该如何发展？是什么样子的？学生花了3个星期阅读该城市的相关文件，走访新学校计划的负责人。然后，他们在一个坐满学校管理人员、地区官员、教师、家长和邻居的屋子里展示自己关于这个地区未来发展的观点。依据收集到的人口数据，该地确实需要一所新初中校，但是在快速中产化的社会背景下，新的初中学校文化可能会与现存高中校冲突。最终政府决定暂时把新初中校安置在其他区域，给两所学校更多准备、协调的时间。这个项目学习的主题正好符合高中学生对当地社会事件积极和消极影响的敏感性，从而使学生得到获取深度知识的学习机会。[14]

二、我国地理主题项目学习的实践

（一）冠以"项目学习"的实践

我国有地理教师将项目学习作为学校校本课程设置的框架，开发出项目驱动式的校本课程。例如，无锡城市夜空光度测量，就是一所学校校本课程中的一个项目，驱动问题直接来自学校所在城市的严重光污染现象。学生在项目完成过程中对光污染的成因、分布、监测与城市照明系统改进展开了调查、分析与总结。该课程中的其他研究项目包括：无锡城市路灯光溢出分析、无锡城市夜空光度监测网络、太阳活动与地球环境响应研究、空间天气暨电离层突变监测、微引力透镜与宇宙发现、月球陨石坑研究、校园生态环境建设、太湖水质监测、中草药种植及研究等。该校校本课程的性质以跨学科的研究型课程为主体，有可以解决实际问题的成果，一些项目还与社会研究机构合作。这种课程具有明显的项目学习的特点：真实地理问题驱动、研究性过程、跨学科、有形产品、面向社会。[15]在地理校本课程中，类似的课程或项目式学习还是比较常见的。

也有教师为必修课程设计了项目学习的主题，虽然不一定都实际使用过，但也可以反映出地理教师对项目学习的认识和尝试。下面是一些项目主题实例：月相变化规律与观测；不同时间日出、日落方位角研究；正午太阳高度月变化规律探究；城市热岛效应规律探究；护城河不同河段水质的季节变化与探究；山地典型岩石辨别与分析；自然河流不同河段沉积物类型差异探究；山地不同海拔、不同坡向植被类型差异探究；影响水土流失的实验探究；家族人口的发展与变迁；城市化进程与问题探究；城市商业区分布研究；城市主要工业区分布及评价研究；城市不同地段学校的分布及对周边地价的影响研究；城市街口红灯等待时间设置探究；城市主干道车流流向及流量的时间分布研究；农民家庭收入具体来源及花销调查与分析；钢铁工人收入变化及原因分析。[16]上面实例中的主题以及潜在的驱动问题包括 P 问题和 Q 问题。

还有一种方式是将项目学习作为必修课程的学习框架，用"项目"的方法完成整个区域地理的学习。一个学期的区域地理学习只有一个主题："我们寻找这个区域的最大特色。"学生在教师引导下从世界区域地理分区或者日常生活中接触过的区域中选择学习的对象，任务是用文字、图片、视频等显示区域特色，教师和学生对条目中所列的事实和特征的准确性进行核实。实施的过程基本是个探究过程，甚至可以提出假设再进行验证。具体过程是教师设置好的，包括按照教师提供的特色模板条目收集信息，初步了解区域"在哪里""有什么"；筛选归纳"我们找到的这个区域的最大特色"以及回答"为什么"；扬长避短发挥区域特色，探讨区域可持续发展，回答"怎么办"。通过这种方式，学生获得了大部分区域知识和技能。[17]

我们称这类项目学习是内涵拓展后的项目学习，项目的内容不是学科或生活"问题"，而是学习任务。还有一种是验证式的项目学习。学生学习某一理论后，想知道现实中是否是这样，教师就组织项目学习去落实。这里解决的问题也不是实际中的问题，而是学生学习中的问题。

前面是有关地理教师对项目学习主题的理解。下面我们看一份对项目学习过程的详细介绍，从中可以更深入地了解地理教师对项目学习的理解。

该项目的主题是旅游地理。教师设计的第一个内容是教学的"导入"。在导入过程中，教师归纳了前面课程学习中的收获：形成正确的人地协调观，提高地理实践力，进行职业规划。学生也回忆《旅游地理》知识，反思学习《旅游地理》的意义和作用。第二个内容是教师介绍课堂学习任务，教师的设计是项目学习的开始。教师介绍项目作业内容和小组汇报的要求，要求学生做好准备。第三个内容是小组汇报。小组汇报时，其他学生在《小组汇报记录表》上记录汇报要点，了解路线设计的主题、思路和具体安排，与自己的路线设计进行对比。汇报主题第1组为"京城文化历史游"，第2组为"北京历史与现代融合之美"。教师倾听小组汇报，记录汇报要点。这个活动的作用是了解学生项目作业完成情况。第四个内容是小组讨论。教师提问学生：对比哪条设计路线能够更好地展示北京之美？学生就汇报情况进行讨论，向汇报小组提出问题或指出设计优点和不足及可能引发的辩论。第五个内容是描述实施效果。学生结合学习的知识以及自己对旅游路线设计的理解，对两个小组的路线进行点评。第六个内容是教师评价。教师对方案进行评价，补充学生交流发言中没有提及的优点和不足，提出修改建议。学生听取教师对方案的评价和总结，明确旅游路线设计中的重要思路，进一步反思自己的路线设计。第七个内容是教师进行课堂小结。教师做课堂小结，板书归纳旅游路线的设计方法，学生学习旅游路线设计的方法。[18]

从以上描述中可以看出，教师比较关注项目学习的结果，对项目实施本身和过程几乎没有提及，只有"小组汇报"一项。对项目的结果，因没有完整的描述，我们无法看出项目的有形产品是什么。整个过程有四个主要阶段：准备、实施、汇报、反思。这是一种将项目学习与常规教学融合起来，或者是用项目学习改造课堂常规教学的理解和做法。

（二）其他项目学习的实践

如前所述，在我国的教育环境下，项目学习会被作为研究性学习的一种实施方式。反过来说，研究性学习中有相当部分实例就是项目学习。在长期的地理教学实践中，中学地理教师积累了很多地理实践活动的经验，其中不少活动定位在研究性学习，是研究性学习中更接近项目学习的部分，例如，北京地理教师进行的北京城市热岛效应研究。这个研究由北京不同区域的中学合作进行。他们先根据所在区域的条件选择各自的子课题，有研究居民区建设对城市热岛影响的，有研究工业对城市热岛影响的，有研究城市绿化对城市热岛影响的。各个学校的学生利用寒假和其他休息时间进行研究，所做工作包括观测、记录、分析，资料的搜集、整理、归纳等。全部资料和研究结果都放在专门的网站上，北京市其他学校的教师和学生可以共享。学生讨论的问题包括什么是城市热岛、产生的原因是什么、怎么办等。

还有一些中学生的研究性学习活动并非在地理课程框架下进行，但与地理课程有不同程度的关系。我们从一所高中学生的研究性学习中选择了几个这样的实例进行讨论。同由地理教师精心设计的研究性学习活动相比，下面的活动更能反映学生的真实倾向。

第一个实例是本书作者作为校外导师指导的"关于阻碍手绢推广问题的研究"，与地理课程中的环境保护有关，由4位学生合作完成。学生在选择题目时，主要关注了身边的现象和问题，如一次性纸巾的广泛使用、学校周边十字路口交通混乱的现象等，他们最终选择研究一次性纸巾的使用问题。学生在研究报告的引言中使用了人大代表在人大会上极力提倡使用手绢，并为与会代表带去手绢的报道，将其作为选题的背景。实际上这个选题不仅是学生自己日常生活中遇到的问题，也是当时的社会热点。学生很快提出研究的驱动问题：对于属于"90后"或"00后"的我们，使用手绢早已成为一件很陌生的事了，它的益处究竟有多大？虽然有人大力提倡，但手绢产业萎靡不振，究竟是什么阻碍了手绢的推广？在人民生活水平日益提高的今天，我们究竟应当提倡使用什么样的随身清洁物品？这是三个相互关联的驱动问题。学生自己厘清了基本概念后，设计了研究内容和研究计划。虽然没有严格的科学假设，但也在研究之初提出了一种有关手绢的模糊感觉：当手绢和手帕纸摆在我们面前时，我们的第一感觉虽然模糊，但都会认为手绢的益处比手帕纸大。学生以此为"假设"开始他们的实证研究。他们通过市场调查、手帕纸使用追踪调查、使用手帕纸的年费用调查、手绢清洗实验，对比、分析购买手绢和手帕纸以及随之产生的金钱消耗；通过查阅资料研究制作手帕纸给环境造成的影响。学生还进行了使用手绢和手帕纸的民意调查。学生从以上的调查中发现，使用手绢的金钱消耗量与使用手帕纸的金钱消耗量之间有一定的差值；从整体环境来说，手绢更环保，但为什么依然很少人使用手绢呢？这就提出了需要持续探究的问题。学生针对出现的问题继续进行问卷调查，将调查得来的数据绘制成图表。最后的环节是问题讨论。学生详细分析了调查得来的数据，认为是方便程度、成本（包括使用者的时间和精力）、卫生程度等原因阻碍了手绢的推广，而非大家没有环保意识。学生在报告的最后提出，在目前建设能源节约、环境友好社会的趋势下，我们应尽量选择节约型、适度消费的方式。也留下了尚未解决的问题：如何把环境保护的需要与提高人们生活水平、满足大众的需求完美地结合起来，这是有待社会继续探讨的问题。

  学生在制作研究工具时，还根据调查对象的不同分别设计调查问题。对本校的同学，他们的问卷是一种风格："亲爱的同学，为了完成研究性学习，我们需要向你了解一些情况，希望你能暂时放下手中的作业，抬起头看看这张小纸。我们感激涕零""At first，请问：你在什么时候使用餐巾纸（例如，擦嘴、擦手……），尽量详细一点，仔细回忆一下哦！"；在面向社会调查时，他们使用了比较正规的语言："尊敬的朋友：您好！我们是北京市一所高中的学生，为了完成研究性学习，特作此调查。这是一份关于手绢与手帕纸使用的调查问卷，您的认真回答将为我们研究此方面问题提供科学依据。请您按照题目要求作答。答案不分对错。对您的合作，我们表示衷心的感谢！"

　　用现在我们讨论的项目学习特点来看，这个研究基本上符合项目学习的特点，真实、问题驱动、学生主动、实际行动、与社会联系等，只是没有一个有形的产品。在成果的形式方面，同年级另一组学生做的研究更有项目学习的特点。这个研究的主题是"关于8.0级以上大地震通常在何时间段爆发"，主题本身就是一个驱动问题。学生收集了从1975年至2007年世界范围内所发生的8.0级以上特大地震的全部数据，将这些数据转换成地方时，再将每次地震按一天24个小时标记在时钟圈表上，通过看点数的密集程度及分布来初步归纳大地震通常在何时段较易爆发。为了能够在一张图表上清晰、系统地看出在一天各个时刻内全球的地震分布情况，学生按照钟表的形式将一天的24个小时平均分配，而不是采用常规的上下午各12小时制。学生猜想地震爆发的高潮与太阳有关，因此，他们将0点定为钟表的正下方，12点定为正上方，6点与18点分别在右、左两边，吻合太阳的东升西落。同时，由于所有的时间均已被换算为地方时，学生可以粗略地看成是地球自转一周所受到的日照分布。学生随后发现，地震在一天中不同时段的分布规律不仅有助于认识地震的成因，可以更好地预报地震，同时对于地震救灾方面也有着积极的影响。例如，汶川地震，由于是山区的原因，塌方和泥石流严重影响了救灾的速度与进展，而频繁的余震也造成了救援工作的困难。因此，根据研究所得的结论，大型的开路、碎石的救援任务在高发期阶段应特别加强警惕，以免造成再次伤害。成果出来后，学生还询问了中国工程院的地震专家，明确成果中存在的问题和改进的方向。

　　这个实例与地理课程关系密切，有明显的学习成果，学习成果有一定的实用性，还与该领域的专家学者有互动，因此可以看作是一个典型的项目学习。

同年级学生的另一个项目"学校是否该设立校车及初步制订校车路线"，是个关注学校本身问题的主题。这个题目包含一个驱动问题和一个研究任务。这里我们忽略驱动问题，只看后面的研究任务。学生经过小组成员的讨论决定调查的方式并设计问卷、进行调查，再根据被调查同学的现住址分布情况，通过查询地图、实地考察等方式，制订出校车的适用班次和路线，最后经过综合整理，制订出3条基本路线可以同时发车。提供的每条路线包括路线的站点及校车到达每个站点的时间，还具体到每站预计有几名学生乘车。在制订路线过程中，学生对3条路线路面上的车流量、车速、路程远近进行了实地考察。为了让同学们上下车既方便又安全，他们把班车停靠站点选在了较明显的位置，如立交桥、机关单位门前、各大路口等。学生还分析了易堵车的交通干道的车流量高峰期，以使路线更加快捷，不再因路上堵车而耽误同学们宝贵的时间。由于环路的公交车较少，而走环路在某些时段能明显节省时间，所以，学生设计的路线部分路段走的是环路。学生的设计针对性明显，主要照顾的是家离学校较远的同学。他们认为，这样的话，这些同学不必再为路上耽误时间而发愁，这些同学的家长不必再为每天不得不接送而烦躁，校园门口的交通压力也会相应地减小。如果同学的家长不必每天接送，那么这样还对北京的环境保护做出了贡献。

这份研究报告还对研究过程进行了反思，表达了他们希望学校采纳的心情：如果学校将这一计划实施，我们将是多么的荣幸，受益的同学该是多么地开心。这都是我们可以成功完成这次研究性学习的动力，也是我们的根本出发点——为了帮助大家。

如果我们的研究性学习能够被校方推广，满足的将是全校约480人的需求。

　　这是一个典型的解决学生身边问题的项目，项目学习主题"有意义""学生有较强的兴趣和内驱力""公共成果"的特征很鲜明。特别是学生表达出来想用此项研究为同学服务的发自内心的热情和自豪感，为项目学习赋予了特别的意义，凸显出传统学习难以承载的价值。

第三章 项目学习对地理教师的要求

第一节
了解项目学习的理论基础

现在流行的教学方式、方法很多，更新也很快。教师需要先了解各种方法的本质、理论基础、原理，才能决定是否认可，继而做出理性的选择，也才能在实际应用中不偏离方式、方法的本质特征，达到应有的目的和效果，也避免某些方式、方法的泛化甚至异化。现在公认，项目学习源于建构主义，而建构主义可以追溯到杜威等人的理论。

一、杜威教育教学思想

对教育本质的认识，对教学方式、方法选择和应用有重要的影响。"教育是什么"是教育思想最重要的组成部分。在杜威看来，"教育即生长""教育即生活""教育即经验的继续不断的改造"。

"教育即生长"，可以表达为"教育即自然发展问题"。[19]杜威认为，教育既是学生的生长过程，就必须遵循儿童生长发育的客观规律，必须考虑儿童的心理特点以及他们的兴趣爱好，尤其是学习内容对学生的当前发展是否有用，他们是否有能力学会。现实中存在的不顾学生生长需要和规律，将大量成人认为需要的知识强加在学生身上的教育，往往会使学生丧失对学习的兴趣，因而影响他们的终生发展。

"教育即生活",即"教育是生活的过程,而不是将来生活的预备。"[19]为此,学校为学生呈现的应是生机勃勃同时又是真实的生活,而不是现实生活的"替代物"。学校作为一种社会生活的形式,应该使学校教育成为学生生活经验的有机组成部分,而不只是一些对学生来说十分遥远的将来的事情,唯此,教育才能真正起到应有的作用。

"教育即经验的继续不断的改造",教育既然是生活,学生的生活又是学生自身经验的积累过程,因此,教育也就是学生经验的不断改造过程。教育过程给予学生的任何知识应该是学生能够与已经具有的经验建立起内在联系的材料,是从旧经验中增长出来的东西,是"更容易、更有效地调整经验的工具"。

杜威的这三个著名的观点从不同角度反映了他的"以儿童个人生长"为中心的实用主义教育思想:儿童要生长,儿童的生长是在生活中进行的,在生活中的生长过程就是儿童自身经验的形成和丰富的过程,而这一切正是教育的本质。杜威认为,观念、知识和经验都是在行动中,在人的有机体和环境相互作用的过程中得来的。

杜威的教育对社会进步有"效用"和有关"经验"的思想充分反映在他的教育理论上,其核心思想可用"做中学"来概括。"做中学"的思想主要体现在教学方法、教学组织形式和教师的作用等方面。

杜威认为,学生的学习要在活动中进行,这种活动应从儿童的经验出发,形式上应与学生在校外从事的活动类似。儿童只有在从事能调动他们的自然冲动的身体活动时,才会觉得学习是一件有趣的、不那么难做的事情。从心理学的角度讲,"探索、操作工具和材料、建造、表现欢乐情绪等先天的倾向,具有基本的价值"[19],可以为学生带来学习的动机。杜威的芝加哥实验学校正是以各种各样的活动组织学生学习的。在教学的组织形式上，传统教学是班级式教学，即大班授课。在这样的教学形式下，往往是教师主动教，学生被动地听和记。杜威认为，学校要给学生充分活动的地方和机会，而不能只让他们静静地坐在教室里听讲。因此，芝加哥的实验学校中设有实验室、工场、园地等，学生的活动大都在活动教学方式中进行。在教师的作用方面，传统教学中教师具有绝对权威，对教学起着全面的指导作用。杜威的活动教学也使教师的传统角色发生了变化，教师不再是学生的唯一主导因素，而是越来越多地作为学生活动的参谋。他曾说过，"教师与学生两方面愈不觉得一方面在那里教，一方面是在那里受教，那么所得的结果愈好。"[20]

除了教学原则和方法外，杜威还对学校课程做过深刻的论述，他说："学校科目相互联系的真正中心，不是科学，不是文学，不是历史，不是地理，而是儿童本身的社会活动。"[19]这种看法是对传统课程过多偏重于所教学科系统的一种批判。

杜威的理论为改革传统教育提出了不少合理的见解。传统教育的特点是"三中心"，即课堂中心、教材中心、教师中心。这种教育存在许多弊病，最根本的一点是忽视学生的成长和发展，没有把学生看作是一个活生生的、有着自己特点和需求的个体。杜威的教育理论则与此相反，他主张以学生为中心、以活动为中心、以经验为中心，用活动教学代替传统的课堂讲授，以儿童的亲身经验代替书本知识，以学生的主动活动代替教师主导。他的理论和实践启示我们，教育必须把学生放在中心的位置，充分考虑学生的年龄及心理特点，根据他们的需要和接受能力安排课程和教学。杜威提出的教育理论和路径或许有极端的一面，但他使人们看到了教育改革的另一条道路和另一种可能。

项目学习方法是从杜威"做中学"思想的应用发展而来的。

杜威在《我们怎样思维》中曾给出了5个思维步骤：①在情境中感觉到要解决某种问题的暗示；②明确要解决的疑问是什么；③提出解决问题的假设；④推断所定假设的内在涵义；⑤在行动中检验假设，从而解决疑难，取得直接经验。

这5个步骤在学习方法上展开，就形成教学方法的5个步骤：①学生要处在有趣的真实活动情境中；②情境中要有一个真实的问题；③进行必要的观察并占有资料；④一步步展开解决问题的方法；⑤通过应用检验学生的想法。项目学习的核心要素和关键环节都反映了杜威如何思维的观点。杜威的另一个重要思想"教育即生活，而非仅仅是生活的准备"，也可以看作是项目学习的直接理论基础。项目学习是一种有目的的、解决实际问题的学习方式，这正是未来生活所包含的行动，是在践行"教育即生活"的教育理念。

杜威的观点是项目学习"真实性"的理论基础，这里的"真实"是指与学生现实生活有关的真实，而非绝对的"真实"。绝对的"真实"如对自然界的了解和研究，这是地理教学的基本任务。自然界无疑是真实的，自然界的学习也无疑是重要的；地理学习中的一般性与特殊性也是现实存在的，能够回答一种自然地理现象为什么与周围大部分地理现象不同，也是在回答一个真实的问题，但从"教育即生活"的理论出发，学校不能忽视与学生现在和未来生活有关的真实，这种真实多出现在社会环境中。例如，生产和生活中遇到的许多"选址"问题、就业问题，并非学生教科书和课堂上学到的区位理论所能解释和解决的，所以学校的地理教学要把批判性思维和问题解决的教育放在最重要的位置，以便学生能够更快和更好地适应社会，通过学校和课堂联结学生生活与社会的真实生活。

杜威的教育理论和实验更多地在讨论年龄较小儿童的教育和

教学，当学生进入初中或者高中后，教师需要根据学生心理发展和升学等需要，因地制宜地采用"做中学"思想。

二、学生个别差异理论

有关学生学习差异理论可以用来理解和指导项目学习。在个体智力差异方面，著名的理论有加德纳的多元智能理论、斯滕伯格的智力三元理论等；在个体学习风格差异方面，比较著名的有奈欣斯三维理论（感觉定向、反应方式和思维模式）、雷诺等人的六维理论（知觉偏好、物理环境需要、社会环境偏好、认知方式、最佳学习时间、动机和价值观等）等。

陈琦等人综合各种有关个人学习差异的理论，从感觉通道和认知风格两个方面梳理了常见的学习差异。在社会文化背景及性别差异方面，也有不同的理论。[21]学校的教育教学需要以这些个体差异为基础进行设计，项目学习的设计也需要依据这些心理学理论。同时，项目学习也为不同特点的学生搭建了常规课堂教学难以形成的个性化平台。

除了依据学生差异理论设计项目学习外，在面对实施过程的问题时，学生差异理论也可以帮助我们理解并在实践中逐步形成适合学生的实施方式。例如，在我们后面展示的项目学习实践中，学生在初期选择项目主题时，有些学生对做什么是无所谓的，但有些学生就一定坚持换到其他小组，原因是"觉得这个题目实在没有意思"。这就是学生在兴趣上的差异。不考虑学生的兴趣，项目学习的意义就降低了很多，这与课堂常规学习还不完全一样。如果项目学习持续时间较长，还会发现有的学生的兴趣稳定而持久，有的则很快变化，这都是组织项目学习时需要考虑的。

　　学生能力的差异在项目学习中会表现得更突出，因为学习活动的广度、深度和多样性增加，不同学生在注意、记忆、感知、观察、想象等一般能力及文学、科学、艺术等特殊才能方面的差异就会突显出来，特别是动手实践能力、社会交往能力、组织能力等方面的表现。有些学生在项目学习中会给教师留下与平时不同甚至相反的印象，往往是因为学习活动为他们展示特殊能力提供了机会，这一点也与学生学习方式的差异有关。例如，学生学习方式的差异中有感觉通道的差别，有些学生擅长通过听讲或读书来学习，有的学生擅长通过动手实践或与其他同学交流来学习。传统常规的课堂教学，教师为学生营造的学习环境更适合擅长听讲、读书的学生，有的学生就难以表现自己的优势。项目学习属于行动类的活动，有些擅长与外界交往、动手操作的学生可能就有出色甚至是"意外"的表现。学生学习方式的差别还表现在场的定向——场依存和场独立的差别。场依存性是指人们依赖于周围环境或一个场的大部分去定义或解释情境中的一个方面的程度，这类人的活动较多地依赖外界刺激。场独立性则是指人们依赖于他自身的感知觉的程度，从其感知觉对象所在的背景中抽出其中一部分的程度。简单地说，场依存性强的人常常需要先了解别人怎么想、怎么看再做出自己的判断；场独立性强的人不管别人怎么看，只按自己的感知觉做出判断。项目学习有合作的活动，也有不少需要学生独立完成的活动，这种理论不仅为我们提供了观察和理解学生学习行为的依据，也可以有意识地利用指导过程为学生提供不同的影响，促使学生向积极的方面发展。

第二节
把握课程内容和适应新角色

目前，我国地理课程中的项目学习开展还比较少，没有项目学习的通用教材。项目学习的本质是基于问题的，形式是项目式的，主题是联系生活实际的，问题是学生关注的，所以需要教师将课程要求的内容转化为项目学习的主题。地理教科书是我国中学地理教师的最主要资源和用品，我国绝大部分地理教师也是习惯按照指定教科书的结构和思路进行教学的。项目学习即使不是跨不同科目的，也往往是跨地理课程或教科书中的不同模块、不同章节内容的，需要教师转变依靠教科书教学的习惯，加强自己整合地理课程标准要求和教科书资料，进行项目学习设计的能力。

一、有把握课程标准和整合内容的能力

地理课程标准规定了中学地理教学的基本内容。教师需要比较好地把握地理课程标准的内容，特别是对中学地理课程整体的理解和对课程内容要求的认识，以便能够使项目学习有助于完成地理课程标准的要求。

就中学地理课程整体性质和内容来说，它虽然密切联系自然和社会的现实，但相对于中学其他一些课程，中学地理课程内容

大都比较宏观，很多时候是在帮助学生了解社会事件发生的地理背景，或者是了解一些空间尺度比较大的地理分布和运动规律，所以不是所有内容都适合作为项目学习的主题。如何选择和确定主题，后面一章会有具体的事例，帮助教师将项目学习主题与地理课程标准的内容更好地联系起来。

项目学习的核心是驱动问题，围绕驱动问题去整合相关的学习内容，而非从学科体系或学科概念出发安排学习内容。整合包含以下几种：①地理课程各部分或各模块内的内容整合，例如，初中地理，可以用一个世界范围内的重大自然灾害主题把世界地理中的海陆分布、天气与气候、居民、地域发展差异等相关内容融合起来学习；高中地理，可以用一个城市或小区的环境改善问题将《地理2》中的人口、资源、城市空间结构、地域文化、服务业区位、城市交通、可持续发展等知识整合学习；②同一学段内课程模块之间的整合，例如，初中地理，可以用重新规划学校附近某块荒地或荒山，将"地球与地图"部分中的地图、地形、气候与"乡土地理"的内容整合起来学习；高中地理，可以用减小城市热岛效应带来的环境问题将热力环流与城市空间结构等知识整合起来；③不同学段地理课程内容的整合，例如，可以通过设计改善小区外来务工人员生活环境问题将初中的人口、经济、乡土等知识与高中的人口、城市空间结构、城市化等知识整合起来，此时需要不同年级的学生共同参与；④与其他学科知识的整合，这里不是指跨学科去组织活动，而是指以地理学习为核心，整合在项目完成过程中自然涉及的其他学科知识。

教师整合不同阶段知识的能力有助于保证项目学习能够帮助学生更好地达到地理课程标准的要求。

二、 对现实世界中真实问题保有持续的兴趣

本书后面提供的项目学习主题设计均为研究用的实例。在实际应用中，项目学习主题的设计主要由教师本人和教师指导的学生去做，无法完全模仿其他人的现成设计。而要能够顺利进行设计，需要教师对现实世界中的真实问题抱有持续的兴趣，这样才有可能发现和提取适于项目学习的地理"真"且有趣的问题。学生的设计在项目学习中可能占的比重更大，但学生对现实问题的感觉和兴趣，以及从中发现和提取主题的倾向性需要教师的影响，包括直接指导和兴趣、态度方面的感染。

现在的媒体发达，信息交流方便，获得真实世界发生的大事，从信息来源技术方面看已经十分容易，关键是教师是否感兴趣去接收和查询，同时也看教师是否有足够的敏锐性，能够及时发现适合项目学习的话题。

三、 适应新的教师角色

教师角色在项目学习中会有不同的定位或表现。讲授式教学为主时，无论是讲授、提问、学生讨论，整个进度节奏都在教师的控制下，教师是绝对的主导者。而在项目学习中，教师的作用有了不同的形式。教师讲清楚项目学习的要求和对应的课标内容之后，就要走下讲台，面对正在进行小组讨论的学生，以参与者、指导者的角色出现。

教师要通过课上参与讨论、课下在线了解或查看项目日志对各组提出的项目主题做一个预判，如果符合项目学习的特征可以鼓励学生继续下去；如果出现较大的偏差，要及时指出，重新讨

论。由于项目学习的周期比较长，各小组必须在课下继续进行。在整个流程当中，教师的作用主要是排忧解难，及时引导学生回到项目学习的轨道上，并提醒和督促学生按时完成小组计划。

在项目学习中，教师在课堂上集体讲授活动减少，但在课下出现在学生面前的时间多了；面对学生集体的时间少了，面对小组的时间多了；教师出现时也不再总是滔滔不绝地讲授，多数时候像一个隐形的观察者。教师需要眼观六路、耳听八方，跟踪不同小组，所费心力更多。项目学习的全过程无法完全按照教师事先设计的方案进行，很多时候，教师对学生的选择、行为、结果无法预料，这时，教师的应变能力受到考验。在每个环节当中教师都要参与，要和学生产生互动合作，个性化指导的特点非常鲜明，这就要求教师具有善于与学生沟通、进行有效交流的能力。

教师在初次接触项目学习时，往往对其特征和内涵把握不准，通过和学生不断地讨论，逐步更加明确项目学习的理念。教师也是学习者，在项目学习中与学生共同成长。教师需要适应视具体情况干预学生学习的状态。干预过少，会导致学生无法克服困难，最终的产品质量不理想；干预太多，则有可能左右学生的想法，更多地体现教师的意志。

四、有不断改善教学的意识、愿望和能力

在项目学习过程中，教师应明晰自己在教学中的角色定位。近些年来，我国基础教育课程改革提出教师需要转变传统的知识传授者的角色，强化教师对学生思维启发、引导、鼓励的作用，提出教师是学生学习的合作者、共同体的观点，这些转变也会发生在项目学习中。教师角色的改变或发展不是有外界动力就会自

动产生，而是需要教师自己有内在动力，这个动力就是不断反思自己的教学，有发现问题、解决问题的愿望和意识，这样才可能接受和尝试新的教学方法。

　　同其他方法相比，项目学习可能会为教师带来更大的挑战，因为项目学习要跨越书本知识和现实问题、课堂与社会、教学与管理之间的界线，特别需要转变教师是课堂专家的传统认识，所以不同的教师对项目学习的接受程度不一样。设计超越课本现成材料和课堂习惯模式的项目学习是一种创造性的活动。有些教师喜欢获得创造灵感的过程，就会增加继续尝试的动力；有些教师喜欢与其他教师合作，也喜欢与学生家长、社区其他工作人员交往和合作；有些教师愿意与学生共同面对真实世界的挑战性问题，共同设计教学活动内容；有些教师不在乎自己在课堂上的权威角色，愿意充分相信学生，愿意更多地站在学生旁边指导；有些教师初步尝试后，能够从中获得对自己教师专业发展有用的东西。

　　改善自己教学的能力不等同于教学能力。教师除了拥有反思能力发现教学中的问题外，还应具有学习能力，包括获取新的信息和理解新知识、新方法的能力。教师在面对一种新的教学方法时，首先要把握该方法的本质特点，再结合本校实际情况加以灵活运用，而不是照猫画虎，人云亦云。教师面对任何一个课例时，均可以采取研究的态度，即首先想到的不是能否模仿、如何模仿，而是体会课例反映的教学理念，研究教师为什么这样上课，或者对自己关注的几个重要问题进行深入思考。这种学习态度有助于接受并有效发挥新的教学方法的作用。

第三节
提高组织项目学习的能力

项目学习并不是说教师不能"教"了。首先,在本书研究的地理课程框架下,项目学习只是创新教学方法的一种,很多传统的有效的教学方法都会继续使用;其次,项目学习只是改变了"教"的含义和形态,而非取消"教"。应该把项目学习看作是在新的教学理念下的教学过程的重新建构,建构和实施过程同样需要教师具有良好的"教"的能力。

本书仅是从项目学习的角度突出讨论几个重要的教学能力,如设计能力、实际操作能力、组织能力。

一、设计项目

设计项目是指设计一个完整的项目学习过程,包括设计项目主题和驱动问题、设计项目任务、设计项目活动、设计项目评价等。

设计项目主题和驱动问题,是指能够从地理课程标准、社会热点、学生生活周边事物和现象中提取出用于项目学习的主题,并提出驱动问题。可以是教师设计为主,学生从中选择,也可以是学生设计为主,教师给予指导。这时需要教师充分了解并正确把握地理课程内容的重点,能够把地理课程标准内容、社会热点和学生生活周边的事件用"问题"的形式清晰地表达出来,使其成为能够吸引学生、又能使他们有能力解决的驱动问题。

设计项目任务，是指确定项目主题和驱动问题后，安排解决这个问题需要做的事情。这就需要教师能够利用自己的教学经验和生活经验确定一件可行的事情，做好这件事情就可以解决设计的驱动问题。例如，制作一个模型，向外来人介绍本地富有地域文化的建筑或街区。

设计项目活动，是指设计完成任务的各个环节和步骤。例如，制作一个模型，可能需要调查活动、绘制图纸活动、制作活动、展示活动等，每个活动怎样开展，活动之间如何贯通和联系，都是需要教师事先精心设计或精心指导学生设计的。设计活动还包括项目学习划分阶段，即确立开始和结束的时间，开始和结束的方式，安排活动的地点，提出调查和使用资源的建议并提供预备性资源，设计意外问题预案等。学生的分组等也可以包括在活动设计中。

设计项目评价，是指在活动开始前就要把任务完成后进行评价的事情安排好。包括设计专用的评价标准（或根据一般评价标准进行调整），确定评价的方面和评价的形式。一般评价中的形成性评价、学生自我评价、学生互评、教师评价等都可以直接用于项目学习。

对于项目学习来说，比较特殊的地方主要有两个方面：一是要同时评价学生的学习表现和项目产品成果本身。一般研究性学习或实践活动主要关注对学生学习过程和学习行为本身的评价，对学习结果的评价比较广泛或者不专门评价。项目学习则同时评价两个方面，所以需要创造性地设计评价项目产品的指标体系和形式。二是项目学习大多是以问题为中心来组织课程要求的学习内容，这时就可能需要结合对产品的评价或设计其他有效的方法来评价学生对一些知识的理解。同常规课堂教学相比，项目学习对情感态度价值观的评价也会更为显性。

二、组织学生活动

　　项目学习对教师组织学生活动的能力要求要远高于常规课堂教学，即使现在课堂教学有较多的小组讨论，需要组织的事情也远不如项目学习多，也较少出现意外事件。

　　组织学生活动主要是实施设计好的活动方案，做好跟踪和管理，处理临时出现的问题，最后形成项目产品，并完成展示和反思。

　　组织学生活动的能力还指与学生交流的能力。因为项目学习方式的特点，教师会用更多的时间、更多的个性化方式与学生交流，为学生在完成项目学习时出现的困惑和困难提供帮助，在需要的时候，帮助学生调整方向和策略，强化技能训练，鼓励学生坚持完成任务，也是教师参与和指导项目学习的过程。

第四章 地理项目学习主题的设计

第一节
主题设计概述

一、地理主题的设计范围

（一）一般学科问题

一般学科问题是指与地理课程内容关系密切的常用问题，如环境保护问题、自然灾害问题、城市化问题等。根据我国地理课程设置，项目学习主题可在地理课程标准规定的范围内选择和设计。

如果完全是学生自主选择，他们能够考虑到的与地理课程有密切关系的主题和问题会比较少。在前述高中学生研究性学习成果分析中，60篇论文中有8篇从主题上看与地理课程有关，例如，从中国国家大剧院看维护北京古都风貌问题，关于阻碍手帕推广问题的研究，校园绿化中存在的问题与解决方案，8.0级以上大地震通常在何时间段爆发，北京师范大学附属中学是否该设立校车及初步制订校车路线，"限塑令"执行问题及建议，颐源居小区垃圾桶摆放位置及收垃圾路线，光污染等，大部分是有关环境保护的。所以地理项目学习需要教师引导学生多和地理课程内容联系。

（二）地理社会热点问题

含有地理学习要素的重要现实问题是地理项目学习主题的重要来源。与基于地理课程标准要求的主题设计不同，基于社会热点问题的设计将重心从知识内容转向现实问题，以现实热点问题为核心，统筹相关的地理课程内容。"热点"是人们广泛关注的事物，有些只是事件，有些是争论问题的焦点。

热点问题依据关注的主体还有所不同，社会热点是全社会都会关注的，在新闻媒体上高频率出现，如我国举办奥运会、严重的自然灾害、人工智能在日常生活中的应用、其他国家和国际大事等。行业热点是某个行业人群所特别关注的事件或问题，如国际地理学大会在中国召开，就是一个地理学界关注的行业热点。有时行业热点与社会热点是重叠的，如在人工智能领域、政治领域、经济领域等。学生群体关注的热点多在娱乐、体育活动等方面，对明星、名人、游戏关注较多。地理教师设计项目主题时，多会使用社会热点。地理教学关注的热点范围主要有三个：环境和可持续发展事件、自然灾害事件、其他与地方有关的大事。

基于热点问题的项目主题不可能在热点出现之前设计，只能在事件发生后设计并实施，所以需要选择影响会延续一段时间的事件。例如，有关环境保护的社会热点，学生做研究性学习时对主题选择有如下思考：中国在治理"白色污染"方面已经努力多年，在奥运会前夕出台了"限塑"政策。这次的"限塑"政策能否得到落实，使"白色污染"在一定程度上得到有效解决，还是由于实际操作的难度较大而使"限塑令"难以实施，我们将就此提出问题，并通过调查为问题的解决建言献策。"限塑"在当时就是一个热点问题，而且其影响时期很长。这样的热点问题适合作为项目学习的主题。

（三）学生身边的生活环境

社会热点可能发生在远离学校或学生居住地的地方，例如，一届远在澳大利亚的奥运会，并不一定适合从中提取项目学习的主题。比较适宜的范围是学生身边的生活环境。这是个空间范围，发生在这个范围内的事件或问题可能是社会热点，也可能不是，甚至是很常见、很普通的事情，但与学生的关系更为密切和真实。"身边"的概念比较模糊，有"乡土"的意义，但要比本乡本土的范围小，而且不一定有明确的边界划分。按照初中地理课程标准的解释，"乡土"范围一般是指县一级的行政区域，也可以讲授学校所在地区（省辖市）、或本省（直辖市、自治区）的地理。[22] "身边"多指学生本人日常活动的范围，或在一日之内可以往返完成一定户外学习任务的范围。教师进行项目学习主题和问题设计时，也多会在这个空间范围内选择。现在的学生在国内或出国旅游的机会较多，也有可能使用所去地区或国家的信息或个人感受进行项目学习研究。例如，在研究发达国家和发展中国家的不同时，有些学生使用了自己去美国、加拿大等国家旅游的经历和信息，但这些属于比较特殊的情况，往往不容易形成比较理想的项目学习主题。

（四）学生的个人兴趣或问题

在学生选择或设计项目主题时，则更可能涉及自己比较关注，或自己年龄、生活经历、日常生活所能顾及的范围。例如，教师给的主题是"对比发达国家和发展中国家的不同"，学生大多会选择中国作为发展中国家的例子，选择美国或加拿大等作为发达国家的例子。因此，教师在设计项目学习驱动问题时，可以多用"我"或"自己"作为主语。如果大部分学生都没有去过其他国家，也可以让他们假设某个国家是与自己有某种联系的，用这种方法使得项目学习的主题更贴近学生的需要。本书没有给出这个范围的设计样例，需要教师在实践中根据自己学生的具体情况决定。

二、 地理主题的设计要素

地理主题设计的前提是项目学习使用的问题都是"真问题",而非凭空想象。"真问题"的产生可能源自教师,也可能源自学生。

本书研究的主题设计包括三个基本内容:主题内容、驱动问题、项目任务。

主题内容,即一般说的主题。主题多以概念的形式出现,例如,"所在城市的工业发展"就是一个主题的表达形式。

驱动问题,指带动、主导项目学习的核心问题,贯穿项目学习的始终,以问题的形式出现,例如,"如何减少工厂生产带来的水污染?"就是"所在城市的工业发展"这个主题下的一个驱动问题。在这个驱动问题下,教师可以根据需要分解出若干个小问题。

项目学习关注内容的真实性和活动的可操作性,主要是为了解决尚无确切答案的实际问题,因此,在设计项目主题时,需要大致区分一下"认识问题"和"实际问题"。例如,"了解各个国家"就属于"是什么"的"认识问题",接近前述 Q 问题;"为什么""怎么办"就属于"实际问题",接近前述 P 问题。

在设计项目任务时,我们经常会用到"可行"两个字。教师要从学生学习的角度理解,是在学生能力所及范围内提出的"可行"。假设学生最终提出的都是宏观、宽泛的建议,并不具有或不知道是否具有可行性,说明这个主题不适宜做项目学习。如果学生能够提出可行性建议,哪怕这是很小的一条,也可以作为项目学习的成果。

根据项目形式和其中主导的活动方式,项目任务又分为设计类、制作类、行动类。设计类,如设计一种可以实施的计划、方案；制作类，包括制作模型、手册、图表等；行动类，指解决某个现实问题，如帮助学校解决节水问题、小区的环境治理问题、为灾区进行募捐活动等。三类项目互有交叉，不能截然分开，要行动就需要有计划。区别在于项目的最终成果定位，如果定位在一次公益活动，设计就包含在活动之中；如果定位在一个自己暂时无法操作的设计方案，设计就是重点。

第二节 基于一般学科问题的主题设计

一、基于一般学科问题的初中项目主题设计

下面是一般地理问题角度设计的项目学习主题样例。

<u>主题一</u>：地图、世界分区、中国分区、乡土地理。

项目主题1：空间利用规划。

驱动问题1：如何利用校园（小区或周边其他地方）内的空地（荒地）？

项目任务1：为校园（小区或周边其他地方）空地（荒地）的合理利用做空间规划并用自己喜欢的方式绘制出平面图。

驱动问题2：如何解决校园（小区或周边其他地方）内垃圾桶放置不合理的问题？

项目任务2：为校园（小区或周边其他地方）垃圾桶放置做出合理规划并用自己喜欢的方式绘制平面图，并向学校有关部门展示。

驱动问题3：如何解决校园（小区或周边其他地方）取、寄快递不方便的问题？

项目任务3：为校园（小区或周边其他地方）快递点设置做出合理规划并用自己喜欢的方式绘制平面图，向学校或小区有关部门展示。

项目类型：设计类。

驱动问题4：怎样向别人介绍我的学校（小区或周边一定范围内的地方）的位置和周边事物？

项目任务4：根据特定对象的年龄和需求，用自己喜欢的方式绘制学校（小区或周边一定范围内的地方）的平面图，并向其他人展示或提供给他人使用。

项目类型：制作类。

项目主题2：空间路线规划。

驱动问题1：我的快递有什么样的碳足迹？为什么？有无改善的必要和可能？

项目任务1：选择一个长途过来的快递，根据网络追踪记录，用自己喜欢的方式绘制出商品的空间路线图。可以对多个快递的碳足迹进行比较，尝试使用某种适宜的方式向公众公布研究成果。

驱动问题2：在校上课时遇到灾害发生，怎样才能迅速逃离到安全地带？

项目任务2：设计安全逃生路线、确定安全地带并用自己喜欢的方式绘制出平面图，向学校有关部门展示。

项目类型：设计类。

驱动问题3：到一个国家旅游怎样安排行程才能收获最大？

项目任务3：研究一个自己感兴趣的国家，设计一个到这个国家旅游的计划，绘制该国家地图和旅游路线图。或者针对要去旅游的国家进行研究并规划行程，绘制地图，手绘或计算机绘制均可，并实际应用。

驱动问题4：如果重走前人的路会怎样？

项目任务4：选择一个历史上著名的任务或事件，例如，徐霞客或红军长征，考察他们曾经到过的地方和路线，用自己喜欢的方式绘制成地图，讨论现代重走这些路线会有什么不同。

项目类型：设计类或行动类。

项目主题3：空间想象和游戏。

驱动问题：这种地形里有没有神秘的地方？

项目任务：探索一种感兴趣的地形，设计一个游戏，例如，寻宝，绘制出可用于探索这个地形的平面图，也可以同时制作出地形模型。或者探索一种感兴趣地形的形成过程，编写一个有关联的探险故事或绘制连环画册，提供给同学或其他感兴趣的人阅读。

项目类型：制作类。

主题二：天气变化。

项目主题1：天气预报。

驱动问题1：怎样利用天空中的云预测天气变化？

项目任务1：选择几种不同类型的云，探索云本身的特征和运动与天气的关系，绘制相关图示，向感兴趣的人展示成果。

驱动问题2：怎样通过观察动物的行为变化来预测天气变化？

项目任务2：选择一种其行为变化与天气变化有关的动物，探索该动物行为变化与天气变化的关系，绘制相关图示，向感兴趣的人展示成果。

项目类型：制作类。

项目主题2：人类活动对空气质量的影响。

驱动问题：怎样改善教室、家庭等场所的空气质量？

项目任务：调查市场上可用的室内空气质量检测设备的基本情况，例如，效果、价格、体积等，提出改善教室、家庭等场所空气质量的可行性建议，用图示的方法展示，并予以实际应用。

项目类型：行动类。

主题三：保护世界文化遗产。

项目主题1：如何向其他人介绍身边的世界文化遗产？

项目任务1：选择文化遗产中感兴趣的部分，用简易材料制作相关模型；学习表演非物质文化遗产。要突出遗产特点以引起别人的关注。要注意与网络和导游介绍的区别。

项目类型：制作类或行动类。

项目主题2：如何解决身边的世界文化遗产保护中出现的问题？

项目任务2：针对发现的问题，选用适当的研究方法，提出保护身边的世界文化遗产的可行性措施，并提交有关部门或在适当的媒体上发表。在可能的情况下亲自予以实践，例如，捡拾垃圾、开展宣传活动等。

项目类型：行动类。

主题四：自然灾害。

项目主题：地震灾害。

驱动问题：能否做一些简易的地震（或其他灾害）报警装置？

项目任务：寻找、改进或自创在家庭、教室等室内空间可用的简易地震（或其他灾害）报警装置，制作出可以模拟使用的模型。

项目类型：制作类。

二、 基于一般学科问题的高中项目主题设计

根据2017年修订后的高中地理课程标准，我们尝试下面提取主题和驱动问题的方法：找到地理课程标准中的模块内容介绍，从中提取关键内容。本书仅以必修课程的两个模块为例。

《地理1》的说明中写道："本模块主要包括三方面内容：地球科学基础，自然地理实践，自然环境与人类活动的关系""增强对生活中的自然地理现象进行观察、识别、描述、解释、欣赏的意识与能力，树立尊重自然、顺应自然、保护自然的观念。"把这些要求综合起来，针对《地理1》的项目学习有三个主题范围：地球本体知识、自然地理要素、人地关系，驱动问题可以偏重地理实践，如，动手制作模型、通过野外观察解决问题、地理实验、自然灾害防治等。

有关地球本体的内容有三条：地球的宇宙环境、地球的圈层结构、地球的演化过程。这三条内容基本构成的大主题与《地理1》其他内容相比有较强的独立性，且与学生的现实生活比较远，不太容易形成项目学习主题。从帮助学生掌握课程知识的角度，可以采用前面初中地理课程中的设计方法，从对学生有用的角度设计项目主题。

有关自然地理实践的内容比较多，涉及自然环境要素也更容易联系学生生活实际。现实生产、生活中与大气温室效应有关的现象和人类活动、城市热岛效应、城市水泥地面、雾霾、海绵城市等，这些经典的话题可以继续成为项目学习的主题。

有关自然灾害的条目只有一条，可以与初中的自然灾害内容相联系，设计适合高中学生学习的主题。

《地理2》的主要内容包括：人口、城镇和乡村、产业区位选择、环境与发展。这些内容可以作为高中项目学习的4个主题，也可以适当拓展或细化形成项目学习的主题，例如，当地人口的发展变化、当地的城市化进程、当地的农业区位选择分析、为当地经济建设建言献策、当地农业用地的变化及原因分析、本市交通的发展变化带来的影响、造纸厂对周围环境的影响等，其中有不少可以设计为行动类的项目主题。

高中课程中可以设计为制作类项目任务的内容在《地理1》《地理2》中均有，例如，地球自转与公转模型的制作、太阳高度角的测量、热力环流模拟实验、水循环及河流地貌模型制作、农业产品收集与展览、城市结构模型制作、地理环境对交通的影响模型制作等。

下面是高中项目学习主题设计的样例。

主题一：地球本体知识。

项目主题1：地球演化。

驱动问题1：怎样使一般人能够更容易地看懂地质年代表？

项目任务1：设计产品使地质年代表直观化，例如，用直观形象的图示展示地质年代表，选择某个时期，制作该时期的场景模型。

驱动问题2：怎样向公众演示地球演化过程？

项目任务2：制作地球演化的立体模型或者计算机三维模型，或者编写有关地球演化的故事，向其他人介绍地球演化过程。

驱动问题3：怎样利用化石说明地球演化过程？

项目任务3：设计实验，模拟化石的形成，展示自己的成果。

项目类型：设计类。

项目主题2：地球圈层。

驱动问题2： 如何使人"看"到地球的圈层结构？

项目任务2： 制作一个实体的地球结构模型，或计算机三维模型，向其他人介绍地球的圈层结构。

项目类型： 制作类。

主题二：大气。

项目主题：城市热岛效应。

驱动问题： 如何减少城市热岛效应？

项目任务： 设计可以减少城市热岛效应的方法。

项目类型： 设计类。

主题三：自然灾害。

项目主题：地震。

驱动问题： 遇到大地震时，有无更好的逃生技术？

项目任务： 设计一种遇到大地震时可以帮助人们存活和逃生的设施或工具，制作出样品或用计算机模拟。

项目类型： 制作类。

主题四：城镇与乡村。

项目主题：城市。

驱动问题： 怎样向别人展示你对未来城市的想法？

项目任务： 设计并制作一个你理想中的未来城市模型，展示并向观众解释你的设想。

项目类型： 制作类。

第三节
基于社会热点问题的主题设计

一、环境和可持续发展事件的主题设计

环境和可持续发展事件中的"事件"不是指一个环境事故，而是包括所有与环境问题相关的重要新闻。例如，某个重要环境政策的颁布、某个对环境可能有影响的技术的使用、某个与环境相关的理论等。再如，有关旅游的热点问题，景区过度开发现象，人工建筑如酒店、索道等影响自然景观的现象，游客活动破坏景区环境的现象，游客影响当地居民日常生活的现象等，都可以用项目学习的方法去探索解决方案。

下面是基于环境和可持续发展事件的主题设计样例。

背景一：新闻报道某地填海造地"失序、失度、失衡"问题突出，楼市戴上生态"紧箍咒"。

项目主题：填海造地。

驱动问题1：如何解决本地旅游度假需求与海洋环境保护的矛盾？

项目任务1：通过调查研究，给出切实可行的建议，公开宣传或提交相关部门。

驱动问题2：如何解决该地"候鸟型"的季节性需求对服务业发展的影响？

项目任务 2：通过调查研究，给出切实可行的建议，公开宣传或提交相关部门。

项目类型：设计类。

背景二：所在地区宣布公园由收费变为免费。

项目主题：共有地的环境保护。

驱动问题：如何在免费的情况下，保持公园的良好环境？

项目任务：进行调查研究，绘制公园平面图或制作模型，提出保护建议并做公共宣传。

项目类型：行动类。

背景三：某水资源匮乏城市建立大型人工滑雪场的消息。

项目主题：城市娱乐项目开发与城市自然资源利用的关系。

驱动问题 1：建立大型滑雪场对城市水资源有什么影响？

项目任务 1：调查大型滑雪场的位置、设施、经营状况、存在问题，撰写报告分析该滑雪场与当地水资源条件的关系。

驱动问题 2：如何处理大型人工滑雪场用水与当地水资源匮乏之间的矛盾？

项目任务 2：提出处理大型人工滑雪场用水与当地水资源匮乏之间的矛盾的可行性措施，并公开宣传。

项目类型：行动类。

背景四：我国大城市出现众多的玻璃幕墙。

项目主题：建筑材料与城市环境。

驱动问题：周围居民和过路人对玻璃幕墙有哪些看法？

项目任务：调查并记录自己居住区周围玻璃幕墙建筑的数量和玻璃幕墙的大概面积，调查周围居民对玻璃幕墙建筑的看法，公开自己的调查结果。

项目类型：行动类。

二、自然灾害事件的主题设计

自然灾害事件的范围比较具体，是与地理教学内容密切相关的社会热点。

自然灾害的主题，根据发生的地点，分为世界范围的自然灾害、中国范围内的自然灾害。初中以区域地理为主，进行自然灾害为主题的项目学习时，需要与相应阶段的区域知识融合起来，在完成自然灾害的主题学习过程中学习和掌握相关的区域地理知识。高中则可以偏重自然灾害的成因。

自然灾害的主题，还可分为一般性话题和热点话题。一般性话题主要针对自然灾害本身，例如，地震灾害、台风灾害、地貌灾害、气象灾害等，学习和生活中发现在防灾减灾方面可能有的漏洞，经过项目学习提出防灾减灾的方案。热点话题则是指突发的重大自然灾害，例如，2004年发生的印度洋海啸。热点话题后面有专门的讨论。

一个常见的主题是地震逃生策略。我国很多中小学都有地震逃生的教育，地理则是专门把地震逃生作为课程内容的一门课。

在小学和初中阶段，常见的有学生绘制学校地震逃生路线图的活动。因为要绘制平面图，就会有校园测量、访谈学校管理人员、访谈同学、观察和了解学校的日常活动，同时需要学习有关地震的科学知识，有条件的学校可以走访当地的地震研究或监测部门。绘制出的逃生路线图，一般会对学校有实用价值。如果研究范围扩大到学校所在小区，绘制出小区地震避难路线和场所，学习成果就有了更大的价值。因为这是一个传统的教育活动，比较容易转化为项目学习。对于高中学生，除了绘制校园逃生图，还有可能做其他方面的项目研究，如前文所述研究制作8.0级以上大地震爆发时段的图表，或者对民间地震预报技术的某个方面进行专题研究，制作地震来临时帮助人们及时判断的报警装置等。

　　另一个比较容易提取的主题是洪涝灾害的防灾减灾措施。学生在自己生活和学习的区域内，会接触、感受、体验不同的高风险人类活动，例如，湿地的减少、围湖造田建垸、开垦坡地、破坏森林、城市地面高度硬化等。这些内容的项目学习多适合高中学生。项目主题来自高中课程的自然环境与人类活动关系的内容。教师如果能够发现当地自然灾害防御方面的缺陷，或者学生从自己家人那里听到类似问题，甚至亲身经历过类似事件，就比较容易设计出项目学习的主题。例如，当地人们能否接收到灾害预警？现在的预警系统能否更加完善？如果当地存在因不合理的交通建设、矿山开发等生产活动导致的泥石流、滑坡等地质灾害，如何合理调整土地利用结构？建立哪些工程设施来减少这种灾害发生的可能？怎样保护当地的湿地？怎样解决城市地面水下渗的问题？这些都可以作为项目学习的主题和驱动问题。在家庭、学校和个人方面，如果发现房屋或周边地区在防范自然灾害上有漏洞，也可以生成项目学习的主题。

下面是基于重大自然灾害事件的项目主题设计样例。

项目主题：大地震事件。

驱动问题：我们怎样帮助灾区的学生？

项目任务：找到帮助灾区学生的力所能及的方法并实施，如募捐、寄送文具和课本、撰写和寄送慰问信等。

项目类型：行动类。

自然灾害，当它是一个学科内容主题时，可以做一些常规性研究，例如，逃生方法、预测技术等；当它是一个社会热点问题的主题时，设计的角度就变成了短期性质。具体行动可以根据初高中学生的不同年龄特点组织，也可以综合地理课程中有关自然灾害的学科内容组织。

三、其他与 "地方" 有关的事件

很多与地理有关的新闻，例如，火山爆发、出现一座新的岛屿等一些"奇怪"的现象或事件，都有可能发展出项目学习的主题。例如，海南岛和大陆之间跨海大桥工程曾正式向国家发改委申请立项。大桥跨海部分长约 26.3 千米，总投资 1400 多亿元，当时预计 2018 年开工建设，2025 年建成通车。这样一则消息，可以从海南岛的开放与保护的角度设计项目学习主题和驱动问题。

地理教学关注的往往不是事件本身，而是其地理背景。例如，"一带一路"，地理教学关注的主要是所经国家的地理状况；国家主席出访，地理教师也多以此为情境，讲授领导人出访国家或地区的位置、自然条件、资源、工农业生产等地理事象；奥运会的召开，地理教学更关注的是在哪儿召开，会依据此热点设计学生感兴趣的教学过程，讲授该国的地理知识；哪里出现战争，地理教师也主要讲战争发生的地点和地理环境而非战争本身。所以用"地方"来概括这一类热点问题比较恰当。

第四节
基于学生身边场景的主题设计

这类主题可以依据场景范围划分，例如，分为校园、小区、社区、村落等；也可分为生态环境、生活环境、地域文化等；或者根据内容的性质分类，例如，社会性话题、生活话题、学习话题等。本书给出源自以下三个方面话题的主题设计：社会性话题、资源与生态环境话题、身边生活话题。

一、源自社会性话题的设计

背景一：对居住在北京的学生来说，某个特定时期北京外来人口疏散的新闻。

项目主题：人口流动与城市化。
驱动问题：大城市该如何对待外来人口？
项目任务：通过调查研究，提出一份解决北京外来人口与城市人口合理容量关系的方案。
项目类型：设计类。

学校所在社区不同，遇到的外来人口问题不同，可以在实施时细化。

背景二：网购造成城市中实体店的变化。

项目主题：互联网技术与城市实体店。

驱动问题：在网购快速发展的背景下，如何让城市实体商业网点分布更合理？

项目任务：制作一个城市实体商业网点分布的模型或计算机三维模型，并公开展示。

项目类型：制作类。

背景三：因为资源枯竭，环境污染严重，当地政府决定关掉一些采矿工厂。

项目主题：资源开发与就业。

驱动问题：当地采矿工厂关闭后，人们的就业问题如何解决？

项目任务：为当地设计新的产业、就业计划；做种植栽培等实验。

项目类型：计划类、行动类。

背景四：地域文化宣传、文化遗产申报等活动。

项目主题：优秀传统文化习俗。

驱动问题1：如何保护乡土优秀传统文化习俗？

项目任务1：设计一个保护乡土优秀传统文化习俗的活动，并实施。

项目类型：行动类。

驱动问题2：如何宣传本地的特色文化？

项目任务 2：设计一个反映本地特色文化的实物模型，如特色建筑、特色生活用品、特色艺术品等，公开展示、宣传。

项目类型：制作类。

二、源自资源与生态环境话题的设计

背景一：生活在有一些特殊生态群落地区的学生，发现在本地区因这些生态群落被破坏而导致的生态环境问题。

项目主题 1：红树林。

驱动问题：怎样保护周围的红树林？

项目任务 1：提出保护红树林的可行性方案，绘制地图，公开展示，提交相关部门。

项目类型：设计类。

项目任务 2：进行一次可行的保护红树林的活动，或做一项保护红树林的小实验。

项目类型：行动类。

项目主题 2：珊瑚礁。

驱动问题：如何保护周围海洋上的珊瑚礁？

项目任务 1：提出保护珊瑚礁的可行性方案，绘制地图，公开展示，提交相关部门。

项目类型：设计类。

项目任务2：进行一次可行的保护珊瑚礁的活动，或做一项保护珊瑚礁的小实验。

项目类型：行动类。

背景二：学校或社区所用能源及设备的更新，或能源、资源使用方面出现了问题。

项目主题：生活能源。

驱动问题1：如何让学校、小区或社区更多地使用新能源（太阳能、风能、地热能等）？

项目任务1：设计制作能够利用新能源的小设备，公开展示。

项目类型：制作类。

驱动问题2：如何防止废物回收过程对环境（地下水、土壤、空气、市容等）的不良影响？

项目任务2：提出防止废品回收造成环境污染的方案，并提交有关部门。

项目类型：设计类。

三、 源自身边生活话题的设计

背景一：有关某类食品被污染的报道。

项目主题：食品安全和环境保护。

驱动问题：如何选择安全的鱼类食品？

项目任务：为市场上的鱼类产品模拟制作环保标签，并公开展示。

项目类型：制作类。

背景二：发现社区生活中不够便利的地方。

项目主题：社区便民设施的空间分布。

驱动问题1：如何让社区的生活服务设施更加便利？

项目任务1：绘制社区生活服务设施分布图或制作模型，公开展示，提交相关部门。

驱动问题2：在哪布置停车场更有利于小区环境的改善？

项目任务2：制作一个小区停车位置设计展板，发动小区居民对此予以关注并评价。

项目类型：制作类、行动类。

驱动问题3：如何合理使用小区或社区的空间？

项目任务3：制作小区或社区空间利用的实物模型或计算机三维模型，展示并发起公开讨论。

驱动问题4：如何改善棚户区的空间环境？

项目任务4：绘制棚户区空间环境改善图或制作模型，公开展示，提交相关部门。

驱动问题5：如何降低小区（社区、城市）人工建筑或障碍物对出行和日常活动的影响？

项目任务5：绘制小区（社区、城市）人工建筑或障碍物空间分布图，公开展示。

项目类型：制作类。

第五节
项目学习主题设计的注意事项

一、在学科内容和现实问题之间保持平衡

项目学习的主题要与地理课程标准要求的内容有较密切的关系，或者是地理课程标准要求内容的拓展和加深，但在表述上一般不直接使用课标语言，而要转化成项目学习主题的表达形式。教师设计时需要把握现实问题与地理课程标准之间的关系。地理课程多是宏观内容，较多涉及一般性的原理、规律、事实。而从学生身边选择主题则是很具体的事情，与地理课程内容有一些差距。例如，比较适合项目学习的社区、校园等问题，虽然也是空间问题，但范围很小。

地理课程标准的内容要求中，也有少量标准是可以直接转换成项目主题和驱动问题的。例如，初中地理课程标准中的"利用地球仪或软件，演示地球的自转运动"，就可以直接转换成"怎样向其他人演示地球自转"这样的驱动问题。

当我们将选定的内容主题转化成项目主题或驱动问题时，从现实出发而非从概念出发是个更好的选择。

随着时代的发展，学习活动的内容也会随之发生变化。过去比较容易做研究的社会生活现象可能会退出教师或学生的选择范围。例如，共享单车现象本来是个热点话题，试用中社会问题也很多，和学生关系密切，也能用到地理学习的一些知识，但共享单车并不适宜做项目研究，因为它是一个动态的自组织现象，只

有获得共享单车大数据的人才能研究，学生能做的研究没有什么意义。城市公共交通中的一些问题，例如，解决高峰期的交通堵塞问题，如果想研究个人怎样行动才能更好地出行，是可以得出一些可行方案的，但如果研究公共交通本身的问题，希望提出一些改善建议，学生使用的常规方法，例如实地调查是难以做到的。

二、把握学科知识和项目主题、问题形式之间的关系

项目学习的主题和驱动问题比较容易突出能力、情感、价值观等培养目标，也容易突出联系实际的特点，知识本身的逻辑反而会变得内隐，需要教师在实施项目学习中关注这个问题。在大部分情况下，知识是项目学习最后要让学生获得的东西而非一定在项目实施步骤中要回答的具体问题，项目学习主题隐含的逻辑是行动本身，而非具体课程知识的展开。

以"城市"主题为例，假设驱动问题是：我理想中的城市是什么样的？如何使我们居住的城市更美好？项目任务是：制作一个城市模型，呈现你理想中的城市。无疑，这个项目是在"城市空间结构""城市化""地域文化"这样的课程知识框架下进行的。这些知识的学习和掌握是此项目学习的重要目的之一，也是指导项目进行的理论基础。但在分解设计主题、驱动问题、项目任务时，应从操作的层面分解，分解的问题可以是：怎样获得或制订出理想城市的标准？怎样绘制一幅理想城市的平面图？怎样制作一座城市模型？还可以有更多的分解问题。如果从"任务"的角度分解，应该是：研究理想城市的标准、绘制理想城市的平

面图、制作理想城市的模型等。也可以从另外一个角度分解，如第一个问题可能是：为制作出一个理想城市的模型需要做哪些事情？相应的任务可能是：列出制作一个理想城市模型需要做的事情清单。第二个问题可能是：小组成员如何分工？相应的任务可能是：将需要做的事情分配给每个小组成员。第三个问题可能是：遇到问题如何处理？相应的任务可能是：制订联系、求助方案，小组定期汇总情况的安排等。后面还可以继续分解。也就是说，仅就一个项目学习主题设计来说，可以没有直接学习知识的问题和任务。

那么，知识学习的目的如何在项目学习主题设计中体现呢？我们建议，一是在项目学习的目标中体现；二是作为理论基础在项目学习支撑体系中体现，作为完成项目任务的基础或"拐杖""梯子"；三是在项目学习评价要求中体现。在"城市"主题的项目学习中，学生要制订出理想城市的标准，必须理解或用到上述专业名词概念，教师需要引导学生主动想到要去了解这些知识，带着问题学，边学边用，这样学生对知识的理解和记忆会更加深刻，也会使知识的学习更加有趣、更加有意义。这就是常说的"问题驱动"或"任务驱动"的意思。在呈现方式上，可以把相关教科书、有助于理解学科概念的网站等列为重要资源，或者以其他方式对学生提出知识学习的要求。

三、在教师设置主题与学生选择之间保持平衡

很多公开发表的活动方案都有教师设计好的具体步骤和方法。在"项目学习黄金标准"中有一条是"学生的声音和选择"，我们自己对地理主题项目学习概念的界定中也有"学生主导"一

条。学生的意见和主导不只是表现在完成教师设定的任务过程中，同样也表现在项目驱动问题和任务的设计中。因此，在项目学习的实践中，需要平衡教师的意愿和学生的意愿。我们建议至少从两个方面进行：一是教师确定大的主题，学生确定具体的驱动问题、项目任务；二是教师设计好驱动问题、项目任务后，由学生根据自己的意愿选择其中的问题、项目任务加以实施。不论哪种情况，学生都有权在实施的过程中调整预设的问题、项目任务。有条件的学校，也可以由学生在教师的指导下确定项目学习的主题、驱动问题、项目任务。

教师在自己设计项目学习问题、项目任务时如何获知学生的意愿呢？可以采用教学研究中常用的方式，例如，通过问卷、正式非正式的访谈等方式调查；在班上公开讨论学生感兴趣的内容，了解学生的生活背景、生活区域和兴趣、爱好等。教师指导学生设计和选择项目学习问题、项目任务时，可以通过实例分析，指导学生用各种方法获得信息，提醒学生关注身边的生活环境和发生的事件，交给他们从现实生活中提取问题的思路和方法。

四、在项目设计方案中明确成果形式的表述和要求

项目学习的设计方案中要有专门的项目成果形式描述。这里我们借鉴当今社会各个领域常用的研究成果形式：设计方案、产品原型、技术、软件等，从中选择出适合中学地理主题项目学习的形式。设计方案、产品原型是中学地理主题项目学习中可用的可行性较大的成果形式。产品原型实际包括所有真正有形的、占

据实际空间的成果，大致可以分为三部分：一部分是"物品"，是看得见、摸得着的实体作品，例如，节能产品、3D打印产品等；一部分是实体模型，例如，未来城市模型、未来社区模型、未来学校模型、某个地理景观模型等；一部分是在项目学习中形成的实际场景，例如，学校中某个被项目学习活动改造了的角落、某个社区在项目学习中新开辟的绿地或街心公园、学生创建的地理专用教室等。

项目成果形式与项目主题、项目目标直接关联，需要在项目学习设计时时刻想到三者的一致性，以保证项目学习活动的整体性。例如，环境污染与防治是一个宽泛的学习主题，可以设计"如何改善学校教室的空气质量"这个驱动问题，对应的成果形式则是一个可操作的改善教室环境的具体方案，或者是改善后的教室环境。下表是一些驱动问题、项目目标、项目成果形式之间关系表述的实例。

驱动问题、项目目标、项目成果形式之间的关系

主题	驱动问题	项目目标	项目成果形式
城市热岛效应	怎样减弱所在城市热岛效应	提出减弱所在城市热岛效应的方案	减弱所在城市热岛效应的可行方案
植被对气候的调节作用	如何利用植被改善小区的生活环境	根据小区的实际情况，提出利用植被改善生活环境的方案	利用植被改善生活环境的可行方案
自然资源	怎样改变本学校（本小区）水资源的浪费现象	提出改变本学校（本小区）水资源浪费现象的方案	改变本学校（本小区）水资源浪费现象的方案

（续表）

主题	驱动问题	项目目标	项目成果形式
人口流动	怎样改善城中村的生活环境	提出改善城中村生活环境的方案	改善城中村生活环境的可行方案
区位	某个商业经营点建在什么地方收益最大	选定某个商业经营点建设地址	选址结果和说明
交通运输	怎样解决网络购物最后500米的问题（收快件）	提出一个既方便消费者，又不影响周边环境秩序的快递点布局方案	小区（校园）快递点设置方案
城市交通	怎样缓解放学时学校周边交通堵塞的现象	提出一个缓解放学时学校周边交通堵塞现象的方案	缓解放学时学校周边交通堵塞现象的可行方案

第五章 地理主题项目学习的实施

第一节
项目实施的准备

一、准备项目学习主题

项目学习开始前，教师需要预设一些主题。下面是一次项目学习教师预设主题的例子。

实例：北京师范大学附属中学初二学生项目学习教师主题预设。

地理课程标准的相关内容：人口、宗教、聚落和地域发展差异。

预设主题数量：4 个项目主题、8 个驱动问题。

预设较多的驱动问题是考虑到这个班级有 10 个小组。教师不希望研究的问题扎堆，同时也希望能激发学生进一步提出自己感兴趣的问题。

项目主题 1：北京人口的发展变化。

驱动问题 1：为了适应"三孩"政策，你认为我们学校需要做出哪些调整和改变？

确定这个问题的原因："三孩"政策的到来会影响到学校招生，学校也会因适龄儿童的增加做一些招生方面的调整，该问题与学生的生活联系较密切，也容易开展调查研究。为这个驱动问题设计的活动任务是调查研究并提出应对建议。

驱动问题2：你在哪些场合观察和感受到北京老年人较多？面对这种现象，请你规划一座养老公寓。

确定这个问题的原因：北京是一个老龄化现象突出的城市，初中学生的父母正好面临祖父母、外祖父母的养老问题。这个问题实际包含了驱动问题和规划养老院的项目任务。

项目主题2：北京城市发展。

驱动问题3：北京的城市化问题会导致北京衰败吗？

确定这个问题的原因：北京的城市化过程带来一些"大城市病"，例如，交通拥堵、环境污染严重、公共医疗和教育资源紧张等。

驱动问题4：宣武区变成西城区之后，如何铭记"消失"的宣武区？

确定这个问题的原因：北京师范大学附属中学所在区原为北京市宣武区，但2010年国务院批准撤销北京市西城区、宣武区，设立新的北京市西城区，原西城区、宣武区的行政区域合为新的西城区的行政区域。很多学生的家庭住址在原宣武区，从幼儿园到中学的生活也在原宣武区，如何向公众介绍历史文化独特而悠久的原宣武区，可以展开社会调查，并设计产品。

驱动问题5：在感受自家所在小区多年变化的基础上，提出对未来小区环境改进的建议。

确定这个问题的原因：通过调查小区及其周边环境的变化，得出北京城市化的现状。

项目主题3：北京的宗教与历史文化的关系。

驱动问题6：牛街的发展历史和宗教之间的关系。

驱动问题7：如何利用牛街的宗教文化背景发展特色旅游？

确定问题的原因：在北京，因宗教而为人熟知的聚居地是牛街，这里聚集了大量回族人，信奉伊斯兰教，有著名的牛街清真寺，有宗教节日和庆典活动，有美味的清真食品。

项目主题 4：发达国家和发展中国家的发展研究。
驱动问题 8：结合你的出行体会，分析发展中国家、发达国家的差异主要体现在哪些方面。
确定问题的原因：初中学生出行的机会比较多，希望他们能够全面地看待发达国家、发展中国家的差异，既看到经济收入、城市建设等硬件方面的差异，也能看到社会服务、教育资源等软件方面的差别。

驱动问题分为两类：P 问题和 Q 问题。本节第一章讲过，P 问题通常理解为一个需要解决的问题，Q 问题通常是指一个需要回答的问题。所有的选题都是联系实际的，其中大部分是 P 问题，也有几个 Q 问题，例如，北京的城市化问题会导致北京衰败吗？牛街的发展历史和宗教之间有怎样的关系。结合你的出行体会，分析发展中国家、发达国家的差异主要体现在哪些方面。开始项目学习时，这种混合性质的问题是不可避免的，教师在预设主题时，要考虑 Q 问题、P 问题两种问题的特点以及它们与项目学习的关系。

二、安排活动时间和进度

项目学习活动时间和进度安排应该在制订学年计划或学期计划时做好。一次项目学习的时间长度需要根据具体主题和学校的具体情况灵活掌握。下面是一个进度安排的实例。

实例：北京师范大学附属中学初二学生项目学习时间、进度安排。

按照传统的讲授式教学，人口、宗教、聚落和地域发展差异的内容大约需要8节课、4周时间完成。由于地理项目学习是一种由课内延伸到课下的方式，教师们经过讨论，决定把项目学习的进度定为一个月，和讲授式教学的进度基本一致。这4周大致的活动安排如下：

第一周：课前分组，课上选择主题，制订小组计划，协商人员分工，开展实践活动。教师跟踪辅导，并在课上讲解学生集中提出的地理问题。

第二周：继续开展实践活动，根据实际困难调整计划和人员分工，教师继续跟踪辅导。

第三周：提交论文或研究报告初稿，汇报作品完成进度，准备进行作品展示和交流。指导教师给出建议或意见，督促各小组按计划进行。

第四周：进行作品展示和交流。

每周有两节地理课，这两节的安排略有不同。第一节课主要用于总结上周周末任务的完成情况，因为一般周末是学生们外出调查或考察的主要时间。学生们会利用课上时间总结和分析已有的资料或成果，形成一些结论，并调整和细化下一步的活动方案。遇到难以解决的问题，可以集体协商或与指导教师讨论。第二节课侧重于本周的任务总结。教师会在这节课上将普遍存在的问题拿出来讨论，有些是知识问题，有些是方法和技能问题，并检查项目手册的填写情况。

三、安排参与指导的人员

传统的讲授式教学，一位教师可以同时任教几个班级的地理课程，但当面对项目学习时，工作量和难度都加大了。当班级规模较小、持续时间较短时，项目主题和问题也比较少，一位教师可以借助通信交流技术的支持独立承担对全班同学的指导工作；当班级规模较大、问题难度较大、任务持续时间较长时，我们建议组成一个教师互助小组合作完成，这个小组可以由地理教师组成，也可以吸收非地理学科的教师参加。

项目学习是一种开放的学习方式，它的空间扩展到学校以外，时间从课上延续到课下，学生们需要和许多不同年龄段、不同职业类型的成年人打交道。为了保证学生的实践活动能够顺利进行，教师还应做好准备，以获得家长的支持。下面是项目学习中教师准备的实例。

实例：北京师范大学附属中学初二学生项目学习人员准备。

这次项目学习的指导工作由四位地理教师一起完成。这四位教师都对项目学习感兴趣，愿意为它额外付出时间和精力，其中的三位教师有初二年级的地理教学经验，熟悉学生的学习习惯、学习程度。教师合作的方式是共同策划地理项目学习，分头进行小组辅导，并建立了教师微信群，随时进行研讨。每次课后，教师会集中讨论各小组出现的共性问题，调整和完善项目学习计划。实际上，教师小组也类似于一个教师专业发展的项目学习小组。

项目学习小组的教师还在准备阶段联系了校内外的有关人员，介绍和宣传项目学习活动，争取各方面的支持。首先是联系班主任。项目小组的教师与班主任沟通，说明项目学习的意义，请班主任帮助分析学生的特点以及可能出现的问题。其次是联系学校主管教学的领导，就以后活动过程中可能出现的需求，例如，借用机房、打印材料、借用学校的某些场地、学生进行社会调查需要学校开具证明、活动后期部分家长来校参加作品展示交流等，获得学校相关部门的支持。

人员准备中还包括争取家长的理解和支持，这一点事后证明很重要。教师向家长写了一封信,将项目学习介绍给家长(附后)。由于项目学习过程中学生需要使用网络查阅大量资料,并通过微信群进行小组讨论,所以需要家长同意孩子使用网络和手机。项目学习需要进行社会调查等实践活动,出于安全考虑,家长需要知情,如有必要可能还需要家长接送或陪同。提前跟家长说明这些情况,有助于家长理解并做好安排。还有些家长拥有某些有利的社会资源,例如,认识某领域的专业人士,或者本身的职业对孩子的项目学习就有帮助,我们也希望家长能提出合理化建议,帮助孩子们完善项目学习的成果。总之,准备得越充分,地理项目学习活动的开展就越顺利。

致家长的一封信

尊敬的家长:

您好!我们即将在初二 13 班进行一项非常有创意的学习活动。您的孩子将参加这个项目,她/他所在小组的项目名称是_____,这个活动将持续 4 周。

项目学习鼓励、培养学生探究和解决真实问题、团队协作、自我管理等能力。您的孩子将需要使用网络或到图书馆查阅资料、运用电脑完成研究报告,以及和小组成员沟通、展示、采访等。项目学习需要更多的资源,如果您能为孩子提供相关的帮助,例如,提供学生创作所需材料、陪同孩子采访、联系专业人士或机构等,我们将非常感谢。

在学习结束时,孩子们将公开展示学习成果,展示日期在 2018 年 1 月第一周,欢迎您的参加。

此致

敬礼!

北京师范大学附属中学地理教研组
2017 年 12 月

四、 准备工具和资源

  工具和资源的准备是指教师事先为学生准备一些项目学习中可能用到的工具、物品、网站等。项目学习在国外发展得较为成熟，关于项目学习的研究机构和相关的网站也比较多。目前，国内还处于起步阶段，专用网站不多，但也有了一些可用的网站，如已在部分学校使用的 Tother 项目学习平台，在教学资源管理应用、学习流程组织等方面都提供了有针对性的设计，可支持日常课堂教学中的混合式学习或者完全在线学习。这种专题网站的优势是功能更全，能监控到更多的小组活动，师生交互的界面更友好。在实际应用中，因为大多数学生家长限制学生上网，需要做好协调工作，例如，在学校安排专门的上网时间。

  教师需要事先寻找一些比较权威的检索网站。学生在网上检索文章一般使用百度检索，有时会抱怨有用的文章太少。他们所说的"有用的"文章应该是指专业性和科学性强的文章，教师可以向学生推荐百度学术、中国知网这样的综合性资料网站，也可以推荐与地理有关的门户网站。教师还可以事先搜索一些国外项目学习网站，推荐给英文水平较高的学生。

  教师可以根据学生研究的项目主题准备一些相关的书籍或文章目录，推荐给学生。

  如果教师有前几届学生的论文和研究报告等，可以整理好，展示给学生，并附上教师的评价，使学生对作品的评价标准有直观的认识。

第二节
项目实施中的关键方面

一、获取和应用信息资料

（一）获取和使用信息资料的主要方式

学生在项目学习中获取的信息资料根据来源可分为第一手资料、第二手资料。第一手资料主要来源于学生自己的调查，调查方式主要包括问卷、访谈两种。问卷调查一般比较正规，设计好问题后打印出来到街道、商场、地铁、旅游景点等人群聚集的地方发放调查表。访谈可以是正式的访谈，例如，事先设计好访谈提纲，事先与被访谈者预约时间然后进行访谈，对社会专业人士和政府机构的人员多采用正式访谈；访谈也可以是非正式的，例如，与父母、祖父母、街坊邻居、同学等聊天获得信息。获得第二手资料的途径主要是阅读书籍、期刊论文、其他人的调查资料、别人的游记等。展示第二手资料的媒介可以是传统纸质的，也可以是数字化的网络文章、视频、照片等。

获取信息资料后，教师要指导学生对资料进行分析和处理。不论是第一手资料还是第二手资料，都需要关注资料的权威性、准确性、时效性。一般来说，项目学习聚焦的现实问题都不会很大，即使信息的来源可靠，也会有过量的可能，学生需要对资料进行筛选，选择其中对自己有用的信息。经过分辨和处理后，学生要在自己完成项目的过程中有意识地去使用这些信息资料。

（二）信息资料获取中的困难

有时，资料来源有限可能会成为项目学习的主要障碍。我们曾调查过学生在项目学习的过程中遇到了哪些困难，结果发现，"资料来源有限"成为地理项目学习的最大困难。同时进行的家长问卷调查也反映了同样的问题，学生需要家长帮助来拓宽思路，寻找资料来源。

造成这种困难的原因来自两方面。

一是学生对第一手资料的来源不了解。学生进行社会调查获取第一手资料的困难较大。下面是一个实例。

实例：北京师范大学附属中学初二学生项目学习资料获取中的困难。

项目主题涉及的调查地点有北京牛街、居住小区、北京的养老公寓、北京的一些公共场所等。如何联系到有关工作人员是学生面对的实际问题。在设计活动时，教师往往会认为学生自己应该能联系到，但实际上，平时学生都在上学，周末去居委会，一次就成功的概率不大，而社会调查的时间有限，错过就得等下一周。

调查北京养老公寓的小组成员中，有一位同学的奶奶就住在养老院里，他们还从亲戚那里联系到另外两家养老院，顺利进行实地采访。

研究发达国家、发展中国家差异的小组，一位组员家里有多位亲戚、朋友在国外工作、生活，还有一位同学有在国外上小学的经历，其余同学出国旅游的次数也比较多，所以在寻找采访对象时就非常顺利。反观有些小组，虽然题目是他们感兴趣的，但具体到了解这个问题的社会现状时，他们并不知道该去什么地方、找什么人才能得到有用的资料。这反映出学生对学校以外与学习无关的事情知之甚少。学生习惯了传统的学习方式，面对这种没有标准答案、没有明确给定过程的学习，感觉无从下手，甚至不知道找谁求助，说明学生解决实际问题的能力需要提高。

由于找不到丰富的第一手资料，无法进行现状分析，提出的对策就成了空谈。针对这个问题，教师可以发动学生家长和社会人士参与调查。有些家长了解项目学习后，会提供有效的帮助。有家长出面，接待的工作人员可能会更加重视。教师也可以建立项目学习的家长联系平台，定期发布项目学习进度，使家长及时了解学生的收获和困难，如有可能就提供支持。

二是学生利用互联网搜集信息的能力和硬件条件支持不足。学生需要快速浏览和查询信息，从各种纷繁零碎的信息中，迅速而准确地找到有用的信息，这依靠对信息内容的敏锐性，更需要科学的方法，这方面学生还有较大的差距。要想解决这个问题，教师需要在项目学习过程中有意识地帮助学生提高检索信息的能力，并协调学校安排更多的时间让学生使用学校计算机房。

二、小组合作完成任务

（一）学生分组

分组的情况在很大程度上会影响项目学习完成的效果。分组方法主要有以下两类。

1. 教师指定分组

教师分组一般会考虑组内成员的学习能力差异和性别比例。它的优点是：兼顾学生差异，使各个小组比较均衡。有领导力且乐于承担责任的学生担任组长，发挥组织和领导作用，在某种程度上扮演着"教师"的角色，引导着小组成员一步步完成计划。同时由于组长和组员是同班同学，生活经验和知识积累相近，看待问题的角度、思考问题的深度一致，且没有老师的权威感，所以在与组员沟通时能畅所欲言、平等交流，取得更好的效果。教师分组会兼顾组员性别比例，可避免出现全是男生或全是女生的小组。

　　但是，这种分组也隐藏着风险。事实上，成绩薄弱的学生往往对学习不感兴趣、学习动机不强，不愿意投入精力和时间。对任务的结果没有自己的期待，逃避承担小组分配的任务，与其他同学沟通不良，同学关系不是很和睦。由于组长和其他同学对他们缺乏有效约束，随着活动的持续进行，不良后果会逐渐显现出来，他们会拖延任务或交出不合格的作业，导致全组的任务无法完成。教师分组时希望程度有差异的学生能够互相促进和提高的愿望没有实现，反而导致某些学生付出很少甚至没有付出就能坐享小组共同的成果。

　　2. 学生自由组合

　　有两种方式。第一种方式是先自由组合，再选择任务。这种分组方式较受学生欢迎。按照学生意愿分组的结果通常是好朋友会组合在一组，"学霸"和人缘好的学生是争抢的对象。自由组合的优点是组员之间平时关系就很密切，兴趣爱好比较一致，具备良好的沟通基础，彼此沟通效果好，课后接触机会多，容易产生深度交流。但也有弊端，那就是可能在选择项目时产生分歧，毕竟每个人的兴趣爱好是不一样的，如果选题无法达成一致时，可能面临有人退出、有人加入的现象。

　　第二种方式是先选择主题，再根据任务组合。教师先提供选题，选题相同的学生组合成小组。这种组合的优点是：大家对选题有共同的、浓厚的兴趣，能积极主动地提出很多关于项目的设想和问题。有些同学受家庭的影响，因为家人受这个问题困扰或父母从事的职业与此相关，因而关注这个问题，因此体会较深。

这样，在项目研究中，可以更好地结合生活实际，得到更丰富的社会资源。这些基于项目组合在一起的学生，可能因为平时交流不多，对待项目的看法也不完全一样，出现矛盾，需要在分组学习时不断地交流、磨合，同时能耐心聆听，多角度地思考问题。

学生自由组合的结果可能是强强联手、弱弱结合，加大小组之间的差异。对于基础薄弱的学生来说，只有令他们足够感兴趣的项目才有可能使他们投入到学习中，而成绩好的学生除了对项目有兴趣以外，本身对优秀的追求也会使他们在任务的驱动下无须扬鞭自奋蹄。小组之间的作品差异会比较大，教师应做好思想准备，同时加强对薄弱小组的指导。

当项目学习需要更多课下交流、课余采访、社会调查时，教师应提倡家庭住址比较近或者课余时间比较一致的学生分在一组，这样有利于活动的完成。

正因为每种分组方法都有利有弊，在实际操作中教师要根据情况灵活应对，既可以在自由组合的基础上进行调整，也可以在教师分配的情况下允许个别学生换组。分组的目的是为了使学生形成一个良好的研讨氛围，合作完成项目学习任务，因此，怎样有利于项目学习就怎样调整分组。

（二）各个环节上的合作

项目学习的主要环节包括：确定项目主题、设计驱动问题、制订计划、进行探究活动、形成成果、成果交流、学习评价。在每个环节中，都需要合作学习。

在选定项目主题、设计驱动问题的环节中，小组合作的形式主要是头脑风暴。通过头脑风暴，大家各抒己见说出自己感兴趣的内容。当一位组员提出自己的想法时，可能会引起其他组员的好奇或质疑，经过反复讨论和不断提出新的点子，主题会越来越符合项目学习的要求，并且接近组员共同的兴趣点，组长要及时归纳和总结组员的意见，最终确定全组的项目主题。当主题选定后，组员还需要再进行头脑风暴将主题分解成若干子问题。问题分解得越具体越细致，越有利于后期活动计划的制订、资源的收集、产品的制作。本环节的合作学习以课上进行为主，可用1—2节课的时间。

在制订小组工作计划环节中，每个组员都要提出自己对项目实施的想法，这些想法结合了个人的社会资源和时间安排，包括家长对项目学习的态度和支持力度等，都会影响进度安排和人员分工。讨论后由组长汇总制订一个大家都能够接受的工作计划。本环节的合作学习以课上进行为主，可用1—2节课的时间。

在获取信息和探究环节中，合作学习的方式变得灵活多样。学生利用课间活动时间和放学后的时间进行交流，讨论各自完成任务的情况以及遇到的困难，并互相出谋划策，及时调整和完善计划。还有很多探究活动需要在校外进行，例如，采访专业人士，参观社区和企、事业单位，发放问卷进行社会调查等。考虑到安全问题和需要携带录音、录像设备，这些活动往往需要两个及两个以上的同学一起完成，这时小组合作学习的范围变得更广，需要家长和老师知情。

在形成成果的环节中，需要全组成员一起动手，发挥各自的优势，分工合作，最终形成理想的产品。在产品制作阶段，根据产品类型的差异，可能会运用多媒体手段或者其他资源制作模型。这些特点决定了小组合作学习的必要性。

在成果交流环节上，各小组要尽可能突出本组产品的特点，说明本组项目研究的意义。

项目学习评价中更多的评价内容是指向小组合作的效果。每个学生最后的成绩中包括对其个人的评价,但更大的比重来自对其在小组合作中表现的评价。小组最终的成功才能标志着这次项目学习任务的圆满完成。

在项目学习过程中,合作学习不仅仅局限于生生合作,还有教师和学生之间的合作。

三、 地理实践活动

项目学习过程中有较大的比重是进行实践活动。常见的实践活动有社会调查、地理实验等,其中以社会调查最为普遍。

(一) 社会调查

地理项目学习主题与现实联系密切,尤其是人文地理的内容,驱动问题的设置更是针对身边的现实状况,是基于学生有疑问的现象。学生看到现象,会产生疑问,要解决疑问就需要深入了解现象背后的原因,才能得出解决问题的办法。为了了解问题现状及背后的原因往往需要到实地进行社会调查。

学生进行社会调查,多采用问卷调查法、访谈调查法。问卷调查法的流程:设计问卷—发放问卷—收回问卷—统计结果—分析原因。访谈调查法的流程:确定访谈对象—设计访谈问题—记录访谈过程(录音、录像)—整理访谈资料—分析原因。

(二) 地理实验

有些地理项目学习主题是关于环境污染或者生态保护的。为了了解污染状况、分析污染源,学生们需要取样,结合生物、化学等其他学科知识,设计实验进行分析。

地理实验的流程：设计实验—收集实验用品—进行实验—观察记录实验过程—根据实验结果进行分析—得出结论。为了得到有说服力的数据，实验可能要重复多次，并根据实验效果改进实验设计。

第三节
成果的形成和展示

一、成果制作

通过整理已有的项目学习经验和我们自己的实践经验，以下技能在项目学习成果制作中是必备的：制作PPT以及小视频，论文或研究报告的写作，倡议书、规划书等文本的写作，平面图、模型等作品的制作。

（一）制作PPT以及小视频

最后的展示交流要求每组都要使用PPT。制作PPT的基本方法大多数学生都会，但如何使PPT美观大方，如何展示才能突出要点，还是有很多小技巧的。包括字号多大，字体和颜色如何选取，模板、动画如何设计等都需要学习。如果教师自己的水平比较高，那就可以自己在课堂上辅导，或者请信息课的教师帮忙讲授，如果班内有学生擅长制作PPT，请他当小老师也是一个好办法。小视频制作也可采用同样的方式。学生学习信息技术的能力很强，只要实际操作几次就能熟练掌握。

（二）论文或研究报告的写作

写作这项技能是完成论文或研究报告必备的。我们对学生提出的论文或报告的写作要求包括以下几条：

1. 题目和署名。要求准确、简练、醒目、新颖。
2. 内容提要。内容提要是对文章主要内容的摘录，要求短、精、完整。字数少则几十字，多则不超过 300 字为宜。

3. 关键词或主题词。关键词是从论文或报告的题目、提要、正文中选取出来的，是对表述论文的中心内容有实质意义的词语。每篇论文一般选取 3—8 个词语作为关键词，另起一行，排在内容提要的左下方。

4. 正文。正文包括引言，引言又称前言、序言、导言，用在论文或报告的开头。引言一般要概括地写出作者意图，说明选题的目的和意义，并指出论文或报告写作的范围。引言要短小精悍、紧扣主题。论文或报告的主体包括论点、论据、论证过程、结论。

5. 参考文献。一篇论文或报告的参考文献是将论文或报告在研究和写作中参考或引证的主要文献资料，按照规范的格式列于论文或报告的末尾。对所列参考文献的要求是：是正式出版物，以便读者考证；要标明序号、著作或文章的标题、作者、出版物信息。

中学生的论文或报告中内容提要、关键词不是必需的，重要的是要有论点、论据。项目学习强调解决问题，只罗列别人的观点是不行的，要有自己的行动方法，支持材料也要真实、客观。

（三）倡议书、规划书等文本的写作

项目学习的成果更多的是对解决某一个问题的倡议书或规划书一类的文本。这类文本主要强调主题鲜明、观念新颖、方法实用、表达简明。为了引起其他人的关注，也需要适当注意一下封面等外表的美观。这类文本有通用的格式可以参考。

（四）平面图、模型等作品的制作

在项目学习中，实物类、应用类作品包括三大方面：平面图、模型、简易用品。

平面图是地图的一种，与空间分布有关的项目学习成果中都会包含平面图。

模型可以立体展示所研究区域空间分布的景观，分手工制作的实物模型和计算机制作的数字模型两种。

当学生希望把他们对某个区域事物的空间布局改善或设计的想法直观展示出来时，就可以制作实物模型，例如，未来城市模型、小区空间分布模型、民居模型等，沙盘模型、泥塑模型、废旧纸板制作的模型等也可以作为项目学习的成果。制作时需要计算好实物压缩的比例，绘制草图，再用实物制作。为了避免出现最后因材料、工具等准备不足导致产品不能完成的情况，建议学生在项目目标中明确列出产品的形式，并在计划中列出完成产品所需的材料、工具等，确定得到它们的途径。若要使大家相信这些产品真的有用，就需要对产品严格设计并精心制作，经得起众人的质疑。

用计算机制作数字模型，需要学习软件技术。学校的计算机教师或者某些学生家长可以提供这方面的帮助。

二、 成果展示

成果展示，即在公众面前演讲或陈述。能够在公共场合演讲或陈述是一种重要的能力。要控制时间就只能讲重点，这需要学生有提炼重点的能力。使用 PPT 练习时，可以在每页演示文稿上加一个备注，把每页要讲的话写出来。练习时要控制时间，规定时间到就停止，这样正式汇报时才不会超时。展示交流时最好能脱稿，除了一些数据可以看 PPT 以外，尽量不要照着 PPT 念，否则就无法和大家进行眼神交流。为了增强展示的效果，准备时还可以请其他组员或家长当观众，学习在熟练的基础上变化语气和音调,增强感染力。

　　使用 PPT 展示是通常使用的方法。此外,还有其他形式作品的展示,例如,模型、物品、展板、墙报、手册等。有些展示不需要解说,有些则需要使用展台的形式向别人介绍自己的作品,必要时还要操作演示。因此,学生必须熟悉自己的作品,尽量用通俗易懂的语言简明扼要地进行介绍,激发观众的兴趣,并能流畅地回答观众的提问。

第四节
项目学习实施中教师的指导策略

项目学习在国内开展的时间还不长,前期主要在高校开展,与信息技术和语言类学科结合比较多,真正与中学地理教学结合起来的实践案例还非常少,教师往往需要摸着石头过河,边学习边实践。实践期间可能会遇到一些对项目学习造成干扰的问题,如果能解决好这些问题,地理项目学习的开展就会更加顺利。

一、鼓励学生借助成人的帮助

在中学开展项目学习,学生会面临许多问题,可以说从开始选择项目主题到最后制作产品和公开展示,都需要不断地讨论和调整。如果学生是第一次接触项目学习,困惑还会更多。如果组员之间的讨论不能解决问题,我们要鼓励他们学会向成人求助,而不是带着问题勉强进行下去,导致最后的产品不达标。

除了学校教师外,家长往往可以提供最直接、最有效的帮助。家长的优势是其来自不同行业,如果孩子的项目主题与家长的职业有相关性,则家长可以提供比较专业的指导意见。项目涉及的问题五花八门,非常广泛,教师不可能都了解,因此,有专业背景的家长是非常好的指导者,或者家长能帮助学生找到专业人士也会达到同样的效果。学生可以向他们提出比较专业的问题,并能就自己的设计或作品的可行性、科学性征求意见。有些问题不一定与最后形成的产品直接相关，但会使学生增加对这一领域的了解，避免出现只看到表面现象而忽略背后的原因，或只从自己的角度出发片面理解问题。

在家长也无法满足项目学习要求时，教师可以通过其他渠道寻找社会各界人士的帮助。例如，研究环境污染问题，可以找环境监测部门的专业人士；研究小区改造问题，可以找物业和居委会。与专业人士交流，还有可能对学生未来的职业规划产生影响。

在这个过程中，也需要注意可能出现的不利影响。例如，有些热心的家长可能在指导过程中不断做出权威性的建议，在解答完问题后还会忍不住继续发表意见，或者干脆直接参与、动手完成任务，最后变成项目学习的主要结论和产品都出自家长的意见。这样的行为会打断学生的探究过程，又回到类似于传统讲授式课堂灌输的状态，只是这次变成了家长灌输孩子。还有些严苛的家长对孩子在项目学习过程中的表现不满意，不断地挑剔，这种挑剔打击了孩子探究的积极性和自信心，同样会产生负面影响。

实例：北京师范大学附属中学初二学生项目学习中家长的参与、支持。

在初次进行项目学习时，因为没有先例，教师对家长是否真能参与到项目学习中没有把握。后来与学生沟通时，才知道有的家长在查找资料、联系访谈对象时，发挥了较大的作用。这次项目学习结束后，教师进行了调查，结果显示，在项目学习过程中，75%的家长提供了具体的帮助，这些帮助可以分为以下两类：

第一类，思路和资源方面的帮助。向学生介绍自己工作、生活中了解的国外教育现状；提供文字和视频资料供参考；就如何协作、分工提出建议；帮助留意项目内容，收集案例；在社交平台发布电子问卷，以期获得更多的数据。

第二类，技术支持。完善论文、查阅格式；帮助学生利用问卷星等软件收集问卷；查阅资料；协助学生制作 PPT 演示文稿；Office 软件指导；图片美化处理等。

在项目学习完成后的成果展示会上，教师设置了答辩环节，希望得到除指导教师以外的社会人士的关注和评价。教师在项目学习启动时就印发了家长通知书，欢迎有兴趣的家长朋友来参加。展示活动分两次进行，第一次有 4 位家长参加，第二次有 6 位家长参加。第一天来的 4 位家长中，有 3 位是同一个小组的学生家长。在学习过程中，不仅学生之间形成了合作，孩子的家长彼此也在合作交流，使得这个小组的项目学习很成功，产品也很棒。在展示答辩过程中，家长积极提问，与学生互动。有些家长在参加完活动后仍然意犹未尽，继续发微信表达自己的想法，肯定活动的意义，指出活动需要完善的方面。有些家长担心在微信中说得不够严谨，整理完又继续通过邮件与教师讨论。

在吸引家长参与方面也存在一些问题和困难。比较突出的问题是家长反对或不鼓励自己的孩子参加项目学习，或者只允许孩子参加与期末考试相关的活动。他们担心项目学习会影响孩子的常规学习和考试成绩。另一个比较突出的问题是家长反对学生使用电脑和手机，理由是网络上不健康的内容太多，怕孩子管不住自己，浏览不健康的内容或利用电脑和手机玩游戏、聊天。

面对来自家长的质疑和阻力，教师采取了以下的做法。

1. 向家长介绍地理项目学习的内容和过程，说明它属于正常教学的一部分，不是课外活动，会在期末总评中占较大的比重，因此要求全员参加。

2. 对于使用电脑和手机的问题，说明每个小组固定交流的时间，每个小组的任务以及学生需要使用电脑和手机做什么，请家长理解和配合。最后达成的协议是：课下使用电脑上网或使用手机微信讨论问题时，时长不超过 20 分钟。其实对小组讨论来说，这个时间是不充分的，但至少家长同意学生参与就是一种进步。教师还为学生申请了在学校机房使用电脑修改论文、研究报告和 PPT 演示文稿的机会，减少了家长在学生使用电脑方面的担忧。

3. 热情邀请家长参与到活动中来，尤其是最后的产品展示和交流。中学课堂很少对家长开放，处于青春期的学生不像小学生那样愿意跟家长描述学校的情况，家长很好奇却没办法了解学生的在校情况，开放课堂对他们有一定的吸引力。

4. 在项目学习活动完成后，教师会制作一个视频短片，介绍整个活动中学生的精彩表现，包括热心家长的参与情况等，发布在班级微信群，让所有家长都能了解项目学习究竟是在做什么，消除部分家长的疑虑，使家长对孩子在活动中的成长有更深的了解。

二、线上和线下相结合，解决大班编制带来的困难

项目学习起源于美国，适合小班教学。小班教学在发达国家基础教育阶段已经普遍实行，许多国家规定每班学生为 15—25 人。项目学习被引进我国以后遇到的突出困难就是：我国一个班的学生太多，40 人左右的班额已经算是比较小的了，这对项目学习有明显的制约作用。如果项目学习每组为 4 人，40 人的班级就需要分成 10 个小组。教师要参加这 10 个小组的全部活动确实有

较大的压力。

要解决这个问题，可以采用线上、线下相结合的方法。可以建立项目学习网站和小组微信群，学生有想法可以随时留言供其他人思考、反馈，也可以多人同时在线讨论。这种交流方式不受课堂讨论时间、场所的限制。

实例：北京师范大学附属中学项目学习分组管理办法。

微信是一种便利的交流工具。利用微信，教师为10个小组分别建了微信群，指导教师加入每个群中，跟踪各小组的进度，解答他们的疑问。

为了提高在线辅导效率，教师制订了项目学习分组指导通用规则。同时，由于笔者试验时实行的是学生自愿分组，小组之间差异较大，还需要将10个小组分成三类实行差异辅导。

不论如何分组，对每个小组都适用的规则即通用指导规则。通用指导规则可以包括：①提前跟组长约定固定交流的日期、时间，例如，教师与学生约定每周三8点—9点在线讨论。②提前约定检查项目日志和各种中期作业的时间，可以在网上提交电子版文档、视频、音频。③统计小组成员在线讨论的次数和质量，作为项目学习过程性评价的一部分。

对于不同小组的特点还可以制订分类指导规则。这里假定三类小组成员的不同情况。

第一类小组，组员能力强、自觉性强，有问题能很快解决，探究活动会有条不紊地按照计划进行，对教师的依赖性小。对这样的小组，分类指导规则可以定为：每周至少1次在线集中交流，完成通用规则①②即可。

第二类小组，组员认真、自觉，但能力有待提高。此类小组常常会寻求教师的帮助，面对复杂问题需要持续和反复沟通，直到全组成员都达成一致。需要教师保证足够的辅导，对教师的依赖性强。对这样的小组，分类指导规则可以定为：每周至少 2 次在线集中交流，组长提前一天提交要讨论的问题和阶段性成果。

第三类小组，组员自觉性差，能力也需提高。对这样的小组，分类指导规则可以定为：每周至少 3 次集中交流的时间，每次交流之前，教师和组长确定交流内容，聚焦 1—2 个问题，同时检查项目学习手册填写情况。教师的指导要具体、明确，要使学生的任务与他们的能力水平相当，争取完成一件合格的产品。

教师可以根据自己的分组原则和学生状况，制订适宜的分类指导规则。如果班级人数多、教师人手不足，可以考虑争取家长的支持，还可以采用以下应对措施：

1. 教师互助。建议整个年级选择不同的课标内容，让学生分批进入项目学习。同年级或同教研组的教师可以结成互助小组。

2. 挑选和培养具有领导力的小组组长。真正需要深度参与项目学习、做出作品的是学生，教师要想随时了解每个组的进度，最有效的办法就是加强与组长的联系，将面对 40 个人的辅导变成面对 10 个人的交流。教师在与组长沟通时，除了明确任务、了解进度外，还要格外关注小组合作情况，帮助组长出谋划策，应对组员之间的矛盾或其他临时状况，营造和谐的小组学习氛围。

3. 将"开展一个成功的地理项目学习"当作教师自己专业发展的项目学习任务。尽可能在制订计划之初就考虑周全，将整个项目活动流程进行详细分解，评估每个环节可能遇到的问题，寻求对策。把相应的项目手册、家长通知、评价表等材料提前准备好。把可能会求助的对象列出来，提前告诉对方可能在什么时候、需要对方给予哪种形式的帮助。具体做法见下表。

项目学习教师团队支持方式

步骤	可求助对象
选定项目主题，设计驱动问题	寻求同年级教师或同教研组教师支持
制订小组工作计划	寻求同年级教师或同教研组教师支持；寻求班主任支持
小组活动探究	寻求同年级教师或同教研组教师支持；寻求班主任支持；寻求家长支持
作品的制作	寻求同年级教师或同教研组教师支持；寻求家长支持
成果交流	寻求同年级教师或同教研组教师支持；寻求家长支持
活动评价	寻求同年级教师或同教研组教师支持

因为目前大部分学校的大班编制无法改变，而项目学习又是一种开放式的学习过程，所以即使使用了以上方法，教师人手不足的现象也只是缓解，不能彻底解决。教师要做好思想准备，在一些环节甚至很多环节，项目学习初期会面临一种看起来无序和混乱的局面，学生会出现许多意想不到的"症状"。比起传统的讲授式教学，教师会觉得难以控制，无法把握，产生焦虑和挫败感。在面对这种局面时，我们应该想到，表面的无序和混乱，正说明项目学习的过程充满了不确定性，符合项目学习的开放性特征。如果每一个环节都是确定的、封闭的，被提前准确预知结果，那就不是项目学习了。学生、教师都要学会在这种不确定中找到方向，继续实践，最终使思路变得清晰，形成产品。

对于项目学习的指导工作量，我们也有一个乐观的预判：指导工作量大的主要原因，多与师生不熟悉项目学习有关。如果第一次开展此类活动，教师对项目学习的理解可能也是模糊的，对整个流程不熟悉。学生第一次接触"项目""项目主题""驱动性问题"等新名词，首次接触项目手册，对新事物的理解也是懵懂的，师生都是在做中学，难免会走弯路。当教师的预估与实际产生偏差时，需要及时调整计划，增加师生之间的沟通。参加过项目学习的同学，再进行项目学习活动时，基本技能的指导量会大大减少。

三、 用精心设计弥补项目学习时间不足的问题

在实际操作中，项目学习所需时间可能会超过预期。以我们的实践为例，项目开始实施时，学生普遍乐观地认为，计划会被完美地执行，因此对意外情况考虑不足。随着活动的开展，学生在实践过程中陆续遭遇到意外情况。例如，调查小区变化的小组约小区物业人员访谈时，对方有事爽约了，而再次访谈可能就要等到一周以后。

与此同时，教师虽然不致盲目乐观，但也无法全面预估学生可能会遇到哪些困难，只能先把活动做起来。考虑到小组之间客观存在的差异，有些小组进度比计划慢是正常现象。但是项目学习的进度有一个总要求，如果有一周荒废掉，剩下的时间就很紧张。很难再重新选择主题进行研究。

针对项目学习时间不足的问题，我们有以下建议：

1. 教师要精心选择课标内容。地理项目学习是基于课标选择项目主题，不属于课外补充活动，因此，可以将课标内容整合，将对应的讲授式教学时长留出来。考虑到项目学习的特点，在制订计划时还需留出 1—2 周的机动时间。

2. 制订计划时，应充分考虑可能出现的各种意外，制订备

选方案。由于探究活动的不确定性，学生会遇到大大小小的意外情况，教师要提醒学生随时准备应对突发情况，事先做好沟通，同时准备一套备选方案。例如，前面提到的访谈人员爽约的事情，学生可以提前一天电话提醒，再次确定第二天的采访时间，或提前把问题发给对方，使采访更高效。如果对方确实有事不能面谈，可以进行电话访谈，或者请对方推荐其他同事帮助解答，避免因为调查的延迟导致整个项目学习的停顿。

3. 在做好备选方案的基础上尽量严格执行计划。既然意外难以避免，各小组进展的差异又是一种客观存在，教师就不要轻易调整计划。除去客观原因，诸如学校集体活动等，导致全班计划顺延以外，教师都应该按照事先公布的时间表推进。这也是培养学生时间观念、执行力和灵活应变能力的好机会。最终的产品质量与小组之间客观存在的差异和组员的投入程度都有关系，不是简单延长时间就能改变的。

四、用密切联系课标要求的方法应对来自学生的问题

与讲授式教学和接受式学习比起来，项目学习对学生的要求更多、更高。

（一）不是所有的学生都适应小组学习

有些学生能把自己的学习规划好，独立完成复杂任务，但在一个群体内反倒因不善沟通、不愿妥协或攻击性强而表现得不合群。还有些学生可能个人成绩一般，但因其具有一定的领导力、较强的亲和力，善于配合等，通常能够成为受欢迎的组员。如果一个小组中领导力强的学生和几个愿意服从的学生组合在一起，

这个小组的活动开展就比较顺利，遇到问题也容易协商解决，最终产生"1+1＞2"的效果。反过来，小组中第一种学生多，这个小组就会变成一盘散沙，无法达成一致，研究报告和产品质量难以保证。教师要鼓励腼腆的学生说出自己的想法，提醒善于表达的学生学会聆听、苛刻的学生减少对他人的负面评价等。在项目学习过程中，很多非智力因素在发挥重要作用。

（二）学生应对自主学习的能力还有待提高

我们在项目学习的实践中发现，学生自主学习能力还略显不足，比较突出的表现有两点：首先，由于此次地理项目学习活动开展时间有限，笔者选择由教师提供选题，但同时欢迎学生自己拟定题目，结果所有的小组都选择了教师提供的选题。哪怕后来有的小组对选题不太满意，也没有提出其他题目。在制订计划时，学生面对一个需要完全自主决定、开放的学习环境，显得有些茫然，不知道从哪里寻找资源，从哪一步开始。这跟他们没有经过类似的训练有关，也跟学生缺乏生活体验和常识有关。其次，学生在执行计划时，考虑的细节较少，真正做起来会发现有很多问题。有些学生遇到困难就打退堂鼓，选择搁置而不是调整，也不主动向老师求助而是等到指导教师询问情况时才说明，表现得很被动。也有些同学是事事找老师，懒得想办法、不会想办法，弄得教师哭笑不得。凡此种种，应变能力差、执行力差、没有时间观念等，都在干扰学生项目学习的有效开展。

（三）学生自主支配的时间较少

中学生学习任务繁重，时间紧张，自主支配的时间较少，在校期间用来小组讨论的时间不是很多。学生需要进行的社会调查、实地考察等活动，只能安排在周六、周日进行。有些学生课后要参加2—3个课外辅导班，组员没有统一的空闲时间，只能分成更小的组去完成调查任务。由于共同讨论的时间较少，小组的研究报告质量就很难保证,即使这是一个自觉性强、能力强的小组也难以避免。这个问题说明,小组活动必须保证一定的合作学习时间,否则优秀的个体也可能无法产生优秀的产品。

项目学习培养的能力是为学生长远发展奠定基础,可学生现在却没有足够的时间、精力朝这个方向发展。将项目学习定位为正式教学的一部分而不是课外的补充,就是一种对策。这种定位会提醒教师制订工作计划时,要做到心中有学生,考虑到学生的实际困难,不增加学生太多的负担,舍得让出教师的时间,培养学生实际做"项目"当中的合作精神、沟通能力等。

此外,综合设计教学内容,避免教学过程的碎片化,也是一种解决时间问题的策略。这样做既可以节省教学时间,提高教学效率,又有利于促进学生核心素养的形成。我们对教师的建议是,精选项目学习的主题,聚焦重要内容,对原本独立设置的内容进行必要的整合,发挥项目学习激发学生学习动机和培养学生学习能力的作用。

第六章 地理主题项目学习的评价

第一节
评价的主体、对象与形式

项目学习的评价属于过程性评价，目的是促进学习者改善自己的学习过程，操作时需要应用过程性评价的基本原理和方法，以及项目学习自身特点带来的评价特点。

一、评价的主体

评价主体是指在评价中起到主导作用的个人或群体。传统的通过纸笔测试进行的学习评价，教师通常是唯一的评价主体。项目学习的评价需要多元化的评价主体，包括学生个体、学生团队、教师、其他相关群体。多元化的评价主体可以充分发挥教师、学习者自身、项目小组、家长等的辅助作用，形成一个"学习—评价"共同体。

（一）学生

学生评价主体，既可以是学生个体，也可以是项目小组。作为个体评价者，学生一方面要做自我评价，一方面要评价小组其他成员，形成自评和互评。学生作为评价主体，有助于学生对学习进行反思和总结。自我评价使学生能够通过回溯项目学习全过程认识到自己的长处和不足，有意识地提高个人能力。而学生之间的相互评价则可以促进交流和比较，看到自己的优势和不足，对学生的后续发展起到引导作用。

项目小组是贯穿项目学习过程中的学生小群体，以项目小组作为评价主体，使得评价可以事先聚集组内学生的意见，经过集体讨论、概括、提升的评价更有助于学习的改进，也更能锻炼学生的评价能力。

（二）教师

项目学习的评价中，教师仍旧是学习评价的主体。教师闻道在先、术有专攻，能够从宏观上、整体上把握学生在项目学习中的各种表现，能够比较准确地判断学生的学习状况，给予鼓励或引导，提高学习效率，促进学生在项目学习中的成长。在评价过程中，教师需要充分了解学生的整个学习活动过程，对学生在学习过程中的表现、项目成果的质量等方面进行综合性的评价，并提出改进或完善的意见。

（三）家长和其他社会人士

家长和其他社会人士，是项目学习中学生可能会求助到的其他成年人，例如，某一行业的专业人士属于校外人力资源，他们会通过参加调查、访谈、产品展示交流等，对小组成果进行评价。他们的评价体现了成果的社会意义和专业水平。由于他们的加入，学生会更加重视项目学习的科学性和规范性，态度更严谨，作品更精致，实用性也更强。

二、评价的对象和评价方法

教学评价的对象也包括教师，本书仅讨论对学生的评价。在项目学习评价的特色方面，评价的对象和方法会更为丰富。在传统教学方式中，评价的内容主要是学生掌握知识的程度，同时也测试技能和情感态度价值观的状况。项目学习评价的内容还包括学生在学习活动中的表现、学习产生的"有形"成果。学习活动则包括个人及小组的交流合作状况、答疑情况、资源利用情况、学习态度、学习策略等。

我们将项目学习评价的内容分为三部分，一部分是学生的学习表现，使用表现性评价方法；一部分是学生的学习过程和最终成果；一部分是通过项目学习，学生在相关知识上的掌握程度。前两个是直接评价，在项目学习过程中或结束时即可进行；第三个是间接评价。本书重点讨论前两部分的评价问题。

我们分析了众多地理教师评价学生学习活动的经验，发现大家更关注学生在学习过程中的行为表现，对学习过程、阶段性成果、学习成果的评价不是很具体明确，评价的标准也比较泛化，常以通用指标为主，例如，科学性、实用性、创作水平、创新意识等。但项目学习的特点是突出过程和成果的作用，所以我们尝试在这本书中细化对项目完成过程和最终成果的评价。

在评价方法方面，项目学习的测评方法主要是表现性评价。根据认同度较高的定义，表现性评价是"让学生参与一些活动，要求他们实际表现出某种特定的表现性技能，或者创建出符合某种特定标准的成果或作品。简言之，就是我们在学生执行具体的操作时直接观察和评价他们的表现。"在项目学习的评价中，教师通过评价学生的学习表现来判断项目学习目标的达成度以及学生个体发展中存在的问题。

表现性评价属于主要基于评价者的主观性评价。教师在实际应用中设定的评价指标，一般都突出学生的兴趣、能力、方法、合作、情感、态度、精神、纪律等方面的内容。具体的内涵也是通用的，例如，科学精神的内涵为"客观精神""探索精神""质疑精神""合作与竞争精神"，科学方法的内涵为"收集、处理信息方法""观察、分析方法""动手操作方法"。在评定标准上，以科学方法为例，达到最高水平的表现多是"正确、多样、熟练""灵敏、准确、可靠""正确、熟练、规范"等。

表现性评价要在真实情境、真实任务、学生动手实际操作的场景下进行，一般有现场观察评价、任务单评价、量表评价等方式。《普通高中地理课程标准（2017年版）》中针对地理实践描述了三个特定的场景：地理模拟（真实）实验、地理野外考察（偏重自然，包括室外观测）、社会调查。项目学习的场景会多于这三个，还会包括学校课堂上的相关学习活动，例如，讨论、制作、展示，也包括在课堂之外其他场合的宣传、展示等活动。在上述三个地理实践场景中，项目学习比较偏重于社会实践。

量表评价是使用较多的评价方法，即将评价指标细化后制作成表格，由评价者逐项填写。现场观察评价是指教师在学习活动现场边观察边评价。比较起来，量表评价比较节省时间，也便于操作。

三、根据项目学习过程的本质划分评价任务

本书第二章将项目学习的本质过程描述为"任务—行动—产品"，包含"真实的问题或任务""规范的行动方案""有效的行动过程""公共产品"四个方面。从评价的角度，每个方面均包含对学生行为的表现性评价和过程、成果评价。

（一）对项目设计的评价

项目设计属"任务"的范围，包括"真实的问题或任务""规范的行动方案"。表现性评价的方法主要用来评价学生选择项目主题、设计行动方案的能力。行动方案包括目标的设计、驱动

问题的分解、分组和分工、日程安排、调查设计等。选择项目主题需要获取和应用信息的能力、概括问题要点的能力、对周边事物的关注度和敏感度等；设计行动方案需要目标确定、问题细化、抓住关键问题、分组、安排日程和时间、获取资源等能力，也需要学习态度、合作协调能力、创新意识能力等。

阶段性成果评价主要用来评价学生设计的方案本身，如方案的针对性、合理性、可行性等，还包含对其中具体内容的评价，例如，对主题、目标、资源、活动等的评价。这种评价多用在方案设计过程和结束后，可以帮助学生设计出更理想的方案。例如，对项目目标设计的评价，需要先了解一般教学目标设计与项目目标设计的差别。

在一般教学目标表述中，我们选择与项目学习比较接近的实践活动目标的设计，大体如：通过（该活动），学生了解到……知识，认识到……的重要性（知识和技能目标）；通过（该活动），学生提升了观察能力、分析和解决实际问题的能力、调查和处理信息的能力、正确使用某种仪器设备的能力（能力目标）；学生……态度、意识、观念、兴趣（情感态度价值观目标）得到进一步强化。即使是制作类活动，在常用的教学目标撰写中，也多会表达为："通过制作……学生的动手能力得到了锻炼。"一般不把活动本身的结果作为目标。

在项目学习中，结果性目标很有必要，例如，学生通过调查校园或教学楼内地面降尘情况，帮助学校发现校园环境中存在的问题。这就是一个带有项目学习特点的目标设计。需要注意的是，这里的"目标"是指项目要达到的目标，是整个项目学习的过程性目标之一。

（二）对项目实施过程的评价

项目学习活动发生在漫长、充满不确定的探究过程中。产品不是一天完成的，它从一个个计划慢慢变成文字资料、草图，然后形成观点、结论、设计图，最后才成为产品。这些环节像一条河，不能分割，因为有了源头，有了上游的水，最后才形成一条大河——学生的作品。所以评价时要观察学生究竟是怎么做出作品的。

表现性评价主要看学生是否能够按照设计的方案行动，包括调查问卷的发放、回收和统计、访谈和访问、实地考察、继续从各种媒介获取信息，评价学生落实计划的能力、应对现实意外问题的能力、与人交往的能力、合作能力、整理资料的能力等，也评价学生的工作态度、兴趣、克服困难的精神、创新能力、对现实的感悟能力等。

对项目实施过程的评价主要评价其有效性，以便学生在实施过程中不断调整自己的行为。最终成果也可以反过来评价过程的有效性，但同样的成果经历的过程很可能差别很大，有优化的余地。实施过程也可用来评价实施前的设计是否合理，这种行为与设计的互动可以反映出学生的应变能力。

（三）对项目最终成果的评价

成果评价主要评价学生撰写的文章、制作的演示文稿、各种模型和物品、计算机软件等。实物不同，评价标准不同，需要分别对待。

项目学习评价之所以强调对最终成果的评价，是因为成果可以直接体现项目学习活动的特点。强调项目学习的真实性表现在成果上，就是要求项目成果能够解决真实问题，这与传统纸笔测验的成果"分数"的意义完全不同。限于中学生的年龄，项目学习的成果可能主要是解决自己身边的现实问题，特别是学校和社区内的问题。又因为地理课程内容比较宏观，有时会将研究的范围扩大到学生所在城市或城镇，或者研究的内容需要跨越不同地区。

项目学习并不期待和要求学生去做"高大上"的项目，提出成人水平的建议和措施，只要做到某一点，解决一个很小的问题也可以。

评价成果可以反过来用于评价和反思预先设计的目标。例如，规划设计一座养老公寓，项目的总目标是感受北京人口的变化，学习和应用地理课程中的人口与城市化的知识。具体目标设计为：①通过查找资料，了解人口老龄化的概念，了解北京的人口老龄化现状；②制订计划并执行计划，完成项目手册；③通过调查，分析人们对养老公寓的要求，并运用北京城市地理的相关知识，完成一座养老公寓的选址和规划设计图；④写出格式规范、论证严密、符合逻辑的研究报告或论文；⑤能够在小组中与其他同学共同合作；⑥能够在众人面前做正式发言，用地理语言表达研究成果；⑦能够对老年人群体有更多的关心和理解。把这些目标转化为学习作品，学生最终要提交的作品有养老公寓选址图和设计图、展示用的PPT演示文稿、一篇论文。对这些成果的评价，如果达到要求，可以认为前面的目标设计合理；如果有些地方没能达到目标，可能是学生的研究过程有问题，也有可能是目标设计有问题。

前面分析梳理了项目学习主要的评价对象和方法，在实际应用中可以综合评价各个阶段学生的表现，这样可以减少评价的层次，让评价过程尽量简明并具有可操作性。但最终成果需要专门评价，正如任何一个项目结题时，对成果的评价是最重要的。本书后面关于评价指标体系的讨论主要针对学生的表现和最终成果，中间过程的评价可以根据指标体系设计的基本方法，借鉴这两个评价的设计实例去完成。

第二节
评价的指标体系

一、评价指标体系的维度

评价指标体系包括评价要素、评价标准、评价等级三个方面。

（一）评价要素

评价要素也可称为评价项目，即评价时选择的重要方面。这些要素是根据项目学习目标和评价对象本身的要素构成的。例如，对学生表现的评价需要根据心理学、教育学原理，梳理出学生表现的主要方面，再从这些方面中确定评价的要素；对PPT演示文稿评价要素的确定主要根据其特点，确定哪些方面可以说明一个PPT演示文稿的优劣，再从中确定评价要素。

在实际评价中，仅仅罗列出评价要素还不够，还需要思考这些要素之间的关系。例如，是否存在交叉、包含等。如果存在包含关系，则需要分别界定一级指标、二级指标，如果存在同级之间的包含关系，则需要厘清关系，避免混乱。

（二）评价标准

在评价要素确定后，要为每一个要素制订出评价标准，也就是对某个要素应该达到状态的描述。评价标准越明确、越具体，越方便使用。准确、合理地描述各个要素达到的状态是一项有难度的工作。对于习惯用试题和标准答案检测学生学习效果的教师来说，改用具体的语言描述学生的行为，需要反复斟酌和修改语言，最终形成标准。在完善评价标准的过程中，教师应该不断反思自己的教学意图，想清楚自己对学生的要求。

关于评价标准的确定要注意以下三个方面：首先，最高标准要以学生的最好水平来定。评价标准给学生提出了有效、明确的要求，可以起到引导学生学习和指明发展方向的作用。虽然学生不可能都达到最优秀的水平，但是可以让学生了解到"最好"的标准是什么，向着这个方向努力。其次，评价标准要突出地理学科的内容和特点。最后，评价标准描述的内容要具体，有较好的区分度。

（三）评价等级

评价等级是评价每条标准实际达到的程度。评价等级由不同等级水平的文字描述和相应的等级序号组成。在项目学习的评价中，可以根据学生的表现程度将评价等级分为若干个等级，用"A、B、C、D"或"优秀、良好、合格、不合格"来表示。等级数量的多少与被评价的对象有关，如果被评价的对象比较复杂，等级数量就较多；反之，则少。但如果划分的等级过多，可能会出现信度问题。

常用的"A、B、C、D"或"优秀、良好、合格、不合格"等级划分和表达，一目了然，容易理解，不论教师还是学生都已习惯。但对于项目学习这种过程性评价，也可能存在对学生的评价过于机械，或过早为学生学习能力"定性"的消极影响。我们建议尽量使用描述性等级而非定性等级，即不是给学生一个确定的分数或用优秀、良好、合格、不合格确定等级，而是告诉学生他们处于学习的什么状态，取得了哪些进步，努力的方向是什么。这种做法难度较大，本书也未能解决，需要以后进行更多的研究和实践。

在制订评价等级时,还要考虑赋以权重的问题。为了更加全面地评价学生学习的效果,教师需要尝试从多个角度对评价对象进行评价。但这些指标的重要性是不一样的,评价表要突出影响学习效果的核心因素,重视学生表现中的核心特征。为避免轻重不分,忽视影响项目学习效果的重要因素的作用,教师要根据其重要性赋以权重。例如,对学生在小组活动中的评价可以从容易统计的微信群讨论次数或时长进行评价,也可以从其发言对小组项目学习的推动效果来评价。很显然,后者属于更有效的指标,而前者属于容易看到、容易统计的指标,为了避免学生只追求表面数量而忽略隐性行为代表的质量,避免过程的模式化,教师需要将不同的指标权重进行分配。

以评价学生展示交流的表现为例说明评价指标,见下表。学生在进行作品的展示交流时,观众会评价发言人的状态,例如,衣着、语言、神态等。一个语言表达能力强、外表优雅、富有感染力的发言人一定会让观众眼前一亮,但作品展示的主要目的是介绍本组的项目学习成果,观众最关心的是这个组做了什么,而不是像观看一场文艺表演似的,把注意力全部集中在发言人身上。因此,在设计评价等级时,一级指标中"交流内容"权重最高,占比70%,"语言和仪态"占比20%,还有10%留给了"展示流程"。仍以"交流内容"为例分析二级指标的权重分配。它的二级指标又分为三个:主要内容、支持材料、与观众交流。其中评价标准中明确写明优秀等级的内容,要有"实用性强且富有创意"观点、"有助于"解决问题,"很好地"实现项目学习的要求,这是项目学习的核心目标,因此它的权重为40%。观点是否客观、科学,主要看论据和论证过程是否有重要的文献作为支撑,或者有真实的一手调查资料作为依据,权重为20%。"与观众交流"指的是陈述结束后学生在答辩环节的表现。

通过应用评价表，加深学生对评价标准的认识，有助于他们在项目学习的过程中始终以更高的标准要求自己。

作品展示评价指标

一级指标	二级指标	优秀	良好	合格
展示流程 10%	主要环节 5%	开场和结尾有设计，总结紧扣主题，令人印象深刻，吸引听众的注意力	开场主题鲜明，对研究报告的各个主题有整体介绍。结尾再次重申主题，总结主要观点	没有开场主题介绍和总结
	时间 5%	适合	适合	太长或太短
交流内容 70%	主要内容 40%	清晰地说明了本小组的主要工作，提出实用性强且富有创意的观点，有助于问题的解决，很好地实现了项目学习的目标	介绍了本小组的主要工作。重点突出，提出解决问题的方法。方法较简单，实用性和创新性不突出。部分实现项目学习的目标	没有介绍清楚本小组的主要工作。照搬别人的观点，没有自己的思考
	支持材料 20%	重要观点有准确详细的参考文献作论据，或者有重要的一手资料作依据，且数量丰富	重要观点有支持的材料，但数量不是很丰富	观点缺乏支持的材料
	与观众交流 10%	能很好地解答观众疑问，能表明自己的思路或观点	能简单或部分解答观众提问	无法回答观众提问，或偏离提问的方向

（续表）

一级指标	二级指标	优秀	良好	合格
语言和仪态 20%	语言 10%	语言流畅、清晰，富有变化，有感染力	语速、音量适中，语言清晰，容易理解	声音太小、语速太快或含糊其词，观众听不清或听不懂
	仪态 10%	神情大方，友好，注重与听众的互动	神情自然，中规中矩	懒散、与听众少有目光交流
得分				

（注：此表改编自 ［美］ 巴克教育研究所编写的《项目学习教师指南》一书第 81、82 页评价表）

二、 针对不同评价对象的评价体系

我们以评价对象为核心，把评价要素、评价标准、评价等级三个方面综合起来，讨论项目学习的评价体系。

（一）对学生行为的表现性评价

1. 表现性评价要素

一个学生在项目学习中的行为表现可以从两个方面考虑：态度、能力。态度方面，可测量责任感、诚信等内容；能力方面，可测量信息能力、行动能力、表达能力、反思能力等，其中行动能力内涵较大，包括规划能力、观察能力、操作能力、组织能力、处理意外事物的能力、合作能力等。

2. 表现性评价标准

学生行为表现的主要方面即要素确定后，需要提出评价标准，即描述教师希望学生达到的学习状态。

学生参与项目学习的态度主要表现为责任感、诚信两点，这两点在项目学习中比在常规的课堂学习中更容易表现出来。我们以责任感为例,将责任感的标准设定为:能够积极按照要求完成工作,认真、细心、主动解决项目实施过程中遇到的问题,为了实现目标而坚持原则,追求成果的完美。

在项目学习中,学生的行动能力是指能够把目标、教师的建议、自己的设想转化为清晰的行动计划,能够合理规划时间和使用资源,遇到问题能积极寻找解决的办法,保证任务按时、按质完成。因为行动能力包含的内容较多,上述描述的内容需要再划分出不同维度,并描述每个维度的评价标准。分解后的评价标准为:能够将设想转化为可行的行动计划;能够合理安排完成任务的时间;能够合理使用各种资源;能够积极解决遇到的问题;能够按时、按质完成任务。

3. 表现性评价等级

下面仍旧以责任感、行动能力两个评价要素为例,将已经制订好的评价标准划分出评价等级,并给出两种表达方式。

针对责任感,评价等级可分为:等级1——责任感缺乏;等级2——责任感有欠缺;等级3——责任感较强;等级4——责任感非常强。这里的"等级 n"也可使用英文字母代替,或直接使用定性的"优秀、良好、合格、不合格"。

针对行动能力,评价等级可分为:等级1——行动能力很差;等级2——行动能力较差;等级3——行动能力较强;等价4——行动力很强。

以上是第一种表达方式。

第二种表达方式,两个要素的评价可以是统一的:等级1——与标准存在较大差距;等级2——基本符合标准,还有较大改进空间;等级3——基本符合标准;等级4——完全符合标准。

第一种表达方式适合于教师自己使用,如果照此告知学生,容易抵消评价本身对学生学习的激励和促进作用，甚至会产生消极影响。这时，可以考虑采用其他表达方式，例如，对行动能力的评价，可以分为：等级1——新手；等级2——初级；等级3——中级；等级4——高级。教师可以根据自己的情况创造性地使用等级表达词汇，如将最差的等级表达为"有待改善"。

当一个评价要素需要划分为不同维度评价时，会出现多个评价标准，评价等级的划分需要综合各个维度评价标准的达成情况。

（二）对学习成果的评价

学习成果的评价要素、评价标准、评价等级需要根据不同的成果确定不同的内涵和指标。根据中学项目学习常用的成果形式，我们讨论PPT演示文稿、文本、实物三类成果的评价要素、评价标准、评价等级。[23]

1. 对PPT演示文稿的评价

在这个类别中确定的要素、标准、等级也大体适用于公开展示用的展板、画报等成果。

（1）PPT演示文稿的评价要素，可归纳为有效性、准确性、原创性、吸引力、规范性5个要素。有效性是针对PPT演示文稿整体而言的，看PPT演示文稿整体上能否很好地表达小组想要展示的成果。准确性是针对演示文稿里用到的各种观点、材料等而言的。对中学生来说，原创性并非指PPT演示文稿的所有内容都是自己独创的，如果学生不是将网络上的资料原封不动地拷贝粘贴上来，而是根据自己的理解和需要做了删减、重组，用自己的话表述等，都可以属于原创。吸引力是指PPT演示文稿页面是否吸引观众，美观新颖的演示文稿能立刻抓住观众的眼球。为了使学生的产品交流保持基本的水准，演示文稿应该像论文写作一样，有基本的格式要求。规范的演示文稿有助于观众清晰、快速地了解项目产品。

（2）PPT演示文稿5个要素的评价标准可做如下规定：

有效性的评价标准：能够达到PPT演示文稿的目的。例如，能够有针对结论的图表、视频、音频等，可以使PPT演示文稿更好地达到传播特定地理学习内容的目的。

准确性的评价标准：能够使用地理语言准确表达内容。例如，能够准确描述所用地图上地理事物的位置、方向、大小等；能够准确使用必要的地理术语进行描述；能够准确表达出汇报内容的地理意义等。

原创性的评价标准：有创意，有自己发现、加工或创造出来的内容。例如，PPT演示文稿中有自己的结论、有用自己的话表述的支撑材料等，就属于原创性。

吸引力的评价标准：采用了引发观众兴趣的制作技巧。

规范性的评价标准：PPT演示文稿的制作能够符合基本要求。例如，观点明确，有资料索引或注明来源是基本的规范；PPT演示文稿的结构比较齐全，包括封面、目录、结束语等，各级标题的层级结构清晰，书写及版面美观等，都属于规范制作的范畴。

在上述5个要素和标准中，权重依有效性、准确性、原创性、吸引力、规范性的顺序依次降低。

（3）PPT演示文稿5个要素的评级等级可使用前述第二种表达方式：等级1——与标准存在较大差距；等级2——基本符合标准，还有较大改进空间；等级3——基本符合标准；等级4——完全符合标准。

2. 对文本的评价

在这个类型中确定的要素、标准、等级适用于论文、科普文章、研究报告、建议书等多种具体形式，可以根据具体的文本形式进行修改。

（1）文本的评价要素可归纳为：主题、概念、资料、结论、结构、文字。文本主题是项目学习主题的反映，也取决于具体文本的性质和形式。例如，对北京人口变化的项目学习，最终形成的成果形式可以是论文，也可以是科普文章或改进建议，这三个具体文本的主题表达可能会有差异。概念是文本最核心的内容，地理主题项目学习需要关注地理概念的运用情况。资料是对文本中观点的支持，结论是文本的落脚点，结构是文本中各种内容的逻辑关系体现，文字是表达方面的内容。

（2）文本6个要素的评价标准可做如下表述。

主题的评价标准：明确且大小适当。

概念的评价标准：使用地理概念，准确界定且在文中能准确使用。

资料的评价标准：资料具体且与主题相关。

结论的评价标准：有明确的结论或解决方案，且与主题相关。

结构的评价标准：整体逻辑性强。

文字的评价标准：表达清晰、通顺、简明。

教师也可根据情况补充更为细致的评价标准，例如，对字数的要求。

（3）文本6个要素的评级等级也可使用前述第二种表达方式：等级1——与标准存在较大差距；等级2——基本符合标准，还有较大改进空间；等级3——基本符合标准；等级4——完全符合标准。

3. 对实物的评价

在这个类型中确定的要素、标准、等级适用于实物成果，例如，视频、模型、手册、图像、仪器、工具、软件、实用用品等。

（1）实物的评价要素可归纳为：实用、环保、新颖、规范、美观。不同的产品所体现每个要素的内涵不同，在使用时需要具体化。例如，对于学生制作的视频来说，图像、声音的质量是实用的组成成分；对于平面图产品，规范性要求符合制图的基本要求，即图名、图例、比例尺、指向标齐全无误；对于地理模型产品，规范性可从其与真实地理事物的对比角度考虑等。

（2）实物5个要素的评价标准可表述如下

实用的评价标准：在解决项目驱动问题中有使用价值，且性价比高，方便使用。

环保的评价标准：产品本身及包含的制作过程是符合环境友好标准的。

新颖的评价标准：有独创性，有吸引力。

规范的评价指标：符合作品本身需要的制作规范。例如，平面图作品需要包含完整的地图要素且表达正确；地理摄影作品需要反映出地理事物的特征；地理模型需要具有地理原型的形态、结构、比例、色彩等特征。

美观的评价标准：作品整体比例、色彩协调。

（3）实物5个要素的评级等级也使用前述第二种表达方式：等级1——与标准存在较大差距；等级2——基本符合标准，还有较大改进空间；等级3——基本符合标准；等级4——完全符合标准。

三、综合评价实例

在实际应用中，评价要素、评价标准、评价等级会综合出现在对某一个特定对象的评价中，或者某个评价会突出上述标准中的某个要素。有时还会将上述要素中的某一个作为一级指标，再划分二级指标。例如，对学生 PPT 演示文稿的评价通过确定评价要素、分解评价指标，采用的评价体系如下表所示。

PPT 演示文稿评价指标

一级指标	二级指标
结构	数量
	封面
	目录
	结束语
书写及版面	书写正确
	字体适中
内容	美观、图文比例
	结论
	重要材料
	图表、视频、音频

对学生作品汇报的评价，有时可以将学生的作品与学生的表现统一起来评价，如下表所示的评价结构。其中一级指标"结构""语言和仪态"均属于学生"能力"中的"表达能力"，是对学生表现的评价指标。

作品汇报评价

一级指标	二级指标
结构	主要环节
	时间
交流内容	主要观点
	支持材料
语言和仪态	与观众交流
	语言
	仪态

从上述内容可以看出，选择哪些要素作为评价指标主要是根据评价对象来决定的。教师需要先行拟定出评价要素，告诉学生要从这些方面进行评价并说明理由，征求学生意见，修改后形成

最终方案。

评价在项目学习的任何一个阶段都可以进行。评价指标体系的数量要适中，若数量太多，教师和学生花费在评价上的时间就会太多，任务被切割得过于细碎；若数量太少，有些学生的过程性表现和作品无法得到有效的评价，造成学生评价的缺失。所以在实施评价的过程中，教师要全面评估教学目标，决定在哪几个节点进行评价、评价哪些方面。

实例：北京师范大学附属中学初中项目学习评价。

在项目学习中，知识部分的评价依然会在期末试卷中体现，这里忽略不讲，只介绍表现性评价和成果评价体系的使用。整个过程共选择了以下几个评价指标。

(一) 论文评价

论文评价体系

	不合格	一般 (某些点很好，但主要方面仍需提高)	好 (总体不错，个别方面需要改进)	优秀
内容 50%	存在信息缺失，信息不准确或不相关。对主题不理解，观点表达不清晰，没有举例、推理、细节和解释。对材料没有解释、分析	提供基本信息，部分不正确或不相关，研究不够深入。对主题部分理解、分析、反思有限。观点表达不清晰，没有举例、推理、细节和解释。看问题角度单一	内容基本完整、准确。信息与主题相关，研究比较充分。对主题大体理解，观点比较清晰，有合适的举例、推理、细节和解释。对所讨论的问题有一个以上的角度审视	内容完整、准确，信息丰富、新颖，研究深入广泛。对主题有深入理解，观点表达清晰完整，有很多合适的举例、推理、细节和解释。对所讨论的问题能从三个或三个以上的角度审视

（续表）

	不合格	一般 (某些点很好，但主要方面仍需提高)	好 (总体不错，个别方面需要改进)	优秀
组织结构和文法 20%	论文缺少组织架构，几乎全是从别处复制粘贴的，语句不通顺，没有参考文献说明	文字有从其他地方复制粘贴的，语句不太通顺，论文参考文献数量不够	所有观点都是用作者自己的语言表述的。文章有个别语法问题。论文参考文献数量较多	所有观点都是用作者自己的语言表述的，且表述严谨，文笔流畅。论文参考文献数量多
图解 20%	不能支持论文观点	文中的图表标注有错误，或者与主题不相关	论文有图解说明，个别图解有误	论文配图仔细，图标有助于对论文的理解，且有编号和标注
整体表达 10%	论文组织混乱，没有包含所有要求的内容	论文有些凌乱，有缺陷，缺失了某些要求的内容	论文表达不错，有个别遗漏或错误	整篇论文表达清晰，包含所有要求内容，专业性强

（注：此表改编自［美］巴克教育研究所编写的《项目学习教师指南》一书）

上表所呈现的论文评价一般用于最后成果提交以后，但在实际教学中也可以应用于活动过程中。当项目学习活动进行到第三周时，教师要求学生提交论文初稿或提纲，并用该评价指标对论文初稿进行评价，使学生看到自己初稿的优点和不足，再根据评价体系进行完善，使评价体系发挥了指引方向的作用，避免了最后论文不合格、评价不理想、打击学生积极性的不良结果。

（二）建议书评价

研究小区环境变化的小组最终作品是一份小区环境改进建议书，递交给小区物业或者业主委员会。对该小组作品的评价内容包括：作品与项目主题的关系；作品的实用性；作品的可操作性；作品对小区居民的意义；小组成员对作品的贡献。前面四项是对作品本身质量的评价，最后一项是对学生合作能力的评价。

见下表。

小区改进建议书指标

一级指标	二级指标
作品质量	书写
	行文
	版面设计
	内容逻辑性
问题解决	问题提出
	建议
实用性	对居民
	对物业
体现组员学习效果	小组分工
	完成情况

（三）实物评价

项目学习要求学生提交的作品主要有折页、小册子、3D 模型、设计图等。以"牛街发展历史和宗教"项目小组的作品为例，该小组最终的作品是一个折页，介绍牛街历史和宗教的发展，见图。

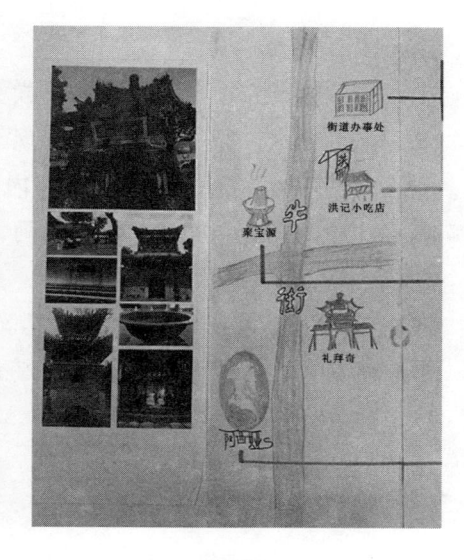

封面　　　　　　　　　　　折页1

中学地理项目学习
的课程实施

封底

　　牛街是北京市历史悠久的民族文化街，生活在那里的主要少数民族为回族。整个折页制作体现了牛街的特色，封面是牛街的地图；封底是牛街的介绍；折页内部是手绘地图、典型建筑物、特色小吃的图片和文字，还有对阿訇的采访，内容丰富，体现了牛街独特的宗教文化特色。但是，有一个明显不足，即没有提出牛街未来发展特色旅游的具体建议，看起来更像一个旅游宣传页。对折页、小册子一类作品的评价指标见下表。

小册子/折页评价表（满分10分）

描述		教师评分	小组评分	其他（家长）评分
主题	主题明确，符合任务要求	6分	7分	8分
内容	有明确的内容，有准确的信息，引人入胜，书写无语法错误	8分	8分	8分
图形	利用图画和其他视觉材料表达每部分的目标	9分	8分	9分
组织	小册子中各部分内容联系密切，逻辑关系顺畅	9分	9分	9分
封面	有趣，体现主题	8分	8分	9分

教师评分是综合几位教师评分以后的平均分；小组评分是其他9个小组打分以后的平均分；当时参加展示交流的家长可以评分，由于到场的家长人数有限，教师把学生展示交流的录像发在班级群里，供没有到现场的家长观看并做出评价，最后也是取平均值。

（四）展示交流评价

我们仍然以"牛街发展历史和宗教"项目小组的展示交流为例说明评价过程。教师参照评价表标准对该小组的展示交流做了记录，发现这个小组的突出优点是进行了认真的实地调查，前后调查了3次，且全组成员都参加。后来家长在调查问卷中提到，其中一个组员的爸爸帮他们联系了牛街街道办事处，使他们的访谈顺利进行。他们将访谈内容制作成视频短片，在展示过程中，观众切实感受到了牛街独特的宗教文化氛围，说明组员基础工作完成得很扎实。但创造性地提出对未来特色旅游的建议这方面，就乏善可陈，只能说部分落实了项目学习目标。经过综合评估，该小组的展示交流被评为"良好"，见下表。

"牛街发展历史和宗教"项目小组展示交流评价表

一级指标	二级指标	优秀	良好	合格
展示流程 10%	主要环节 5%		开场、结尾都点明了主题，对研究报告的各个主题有整体介绍（5分）	
	时间 5%		略有超时，基本适合（5分）	
交流内容 70%	主要内容 40%		有重点地介绍了本小组的主要工作。提到了一些关于牛街未来发展的思路，但较简单，实用性和创新性不突出。部分实现项目学习的目标（25分）	
	支持材料 20%	本小组资料丰富，尤其是实地采访了牛街办事处、清真寺阿訇、牛街商贩，得到了丰富的第一手资料作依据，展示了视频，且数量丰富（19分）		
	与观众交流 10%		能简单或部分解答观众提问（7分）	
语言和仪态 20%	语言 10%		语速、音量适中，语言清晰，并容易理解（7分）	
	仪态 10%	神情大方，友好，注重与观众的互动（9分）		
得分			良好（77分）	

（五）小组合作评价

项目学习以小组形式开展，最后的作品也是以小组为单位呈现，因此，小组合作学习的效率非常重要。在小组学习过程中，学生的领导力、表达能力、理解他人能力、积极聆听能力都会得到极大的锻炼。小组合作评价指标见下表。

小组合作评价指标

	优秀	良好	合格
组员参与度	全部的组员始终积极参与小组活动，每次课下的小组集体活动都能顺利进行	多数组员较积极参与小组活动，大多数时候能在课下进行集体活动	只有少数组员积极参与，勉强完成规定的小组活动次数
小组计划制订情况	计划制订科学、合理，兼顾到了项目学习进度与组员其他学习任务间时间和精力的分配，留有余地，可操作性强，能够实现	计划制订较合理，考虑到了项目学习的进度，但前后时间安排不够合理，及时调整后能够能够完成任务	计划比较随意，造成时间分配不合理或任务准备不足，导致最后任务虽然勉强完成，但效果不好
小组计划执行情况	计划全部按时完成，所有人都在积极推进计划，从容地、高质量地完成任务	执行计划较严格，偶尔遇到困难会出现拖延，经过调整，能够完成任务	完成任务比较随意，遇到困难就拖延，最终作品仓促完成，质量不高
组员分工	分工时考虑到组员的个体能力及组员能够获得的资源差异，合理分配任务，使每人的优势和特长都能发挥出来	分工时对组员的了解不充分，考虑到部分组员的特点，忽视了其他组员的困难	忽略组员的差异，将任务摊派给组员，导致任务完成时难易程度不一，影响任务完成

（续表）

	优秀	良好	合格
组员合作	组员彼此坦诚交流，积极聆听，互相帮助，遇到困难时大家一起想办法，有人没完成任务时，其他人愿意帮助分担	组员能在重要问题上交流，能做好自己的工作，大部分时候很努力。遇到困难会向教师求助	组员中有人不能完成自己的任务，或者有人因为缺席导致全组的任务被拖延。遇到困难不会主动想办法
小组学习效率	各项任务准时完成，质量高，获得好评	多数任务准时完成，个别作品获得好评	多数任务按时完成，但质量有待提高

小组评价由教师和小组成员共同完成，教师可以根据项目手册、微信群讨论记录等对小组进行评价。很多学生在完成项目后的反思中都提到团队合作太重要了，只凭借个人努力根本没办法很好地完成项目学习任务。我们希望以后再做类似的活动时，教师能够帮助学生更加合理地分组，同时在活动过程中实行组长轮流制，让学生体会不同角色的重要性。

四、评价的反思

使用评价表进行表现性评价与纸笔测试评价相比具有自己的优势：同时兼顾学习过程和结果，对于难以进行量化评价的过程性技能，例如，学习策略和方法、表达能力、解决问题的能力等，也能进行评价；通过自我评价和他人评价，增强自我责任感和明确学习目标；评价表使用方便，容易理解；学生可以对照标准，说出自己的收获和不足。

但这种评价也有不足，由于评价等级标准的界定较多地带有评价主体的主观感受，评价的公平性与公正性不能被严格证明。

评价贯穿于项目学习的始终，评价的强度应该多大也需要在实践中去研究。过于强调评价或评价过多，容易导致学生和教师负担太重，教学活动被束缚和干扰。

此外，在制订项目学习成果评价指标时，一定要突出地理学科的特点，制订相应的评价细则。建议根据地理课程标准规定的课程目标、课程内容、实施建议制订具体的评价指标体系。是否体现正确的人地观，是否表现出位置、联系、尺度等空间观念，是否在诸多地理要素之间建立了联系，是否表现出地理实践能力，这些学科要素在各种形式成果的评价中都应体现。

第七章 地理主题项目学习案例

第七章 地理主题项目学习案例

　　本书选用的项目学习案例均由作者所在学校的教师设计、实施形成。前两个案例是已经完成的地理项目学习，在初二年级实施，选用的是初一年级教科书最后两章内容，涉及人口、民族、语言、地区差异等。后两个案例是设计实例，主题范围是"城市地理"。

第一节　"北京市养老公寓选址和设计"项目案例

　　本项目对应的课标点是中国的人口。众所周知，中国是人口大国，多年来我国采取了严格的计划生育政策控制人口增长。在政策的影响下，伴随着中国社会经济的发展，人口问题趋于复杂。我国进入出生率低、死亡率低、人口自然增长率低的人口低增长模式，伴随而来的是人口老龄化问题逐渐凸显。北京作为我国首都，经济发达，人口稠密，是率先进入人口老龄化的城市之一，如何应对人口老龄化带来的社会养老压力，成为全社会关注的问题。教师们交流几次之后，决定设计关于人口老龄化的学科项目。希望学生在这个项目中，能够知道什么是人口老龄化，认识到北京人口老龄化的现状，关注越来越庞大的老年人群体，了解他们的困难和需求。

　　学生在日常生活中会经常见到白发苍苍的老人。初中学生的爷爷、奶奶、姥姥、姥爷基本都已退休，其家庭会面临家中老人的养老问题。如果遇到老人生病或者生活不能自理的情况，怎么办？爸爸、妈妈工作繁忙，可能请保姆，也可能考虑送养老院。养老院好找吗？人们对养老机构有什么要求？等这些学生长大后，面对双方老人的养老问题时，是不是会面临更严峻的问题？基于这样的考虑，教师首先设计了问题：你在什么场合观察和感受到北京老年人比较多？请你规划一座养老公寓。这个问题后来作为该组学生的驱动问题和项目学习任务。

一、 学生为什么对这个驱动问题感兴趣？

在看到老师提出的几个驱动问题时，这个小组的组员先挑选出关于养老公寓、牛街发展历史和宗教、小区改造三个选题，四位同学针对这三个选题展开讨论，想选出一个最佳选题。有人认为牛街项目讨论的是宗教和历史，同学们已经比较熟悉那里是回族人聚居地，大多数人信奉伊斯兰教，组员们担心做出来的作品没有新意，于是这个选题被否定了。接着讨论小区改造，可是问了一圈，四个同学所在的小区近些年都没有进行过基础设施加固或其他改造工程，虽然知道北京有这项工程，但需要去别的小区调查，不熟悉。最后，他们认为养老公寓这个选题还不错，有一位同学曾经听到家里的大人在客厅讨论老人养老的事情，他走过去想听一听，可是家长说这是大人的事，小孩别参与，就把他支开了，他对这事挺好奇；还有一位同学说，他们家也讨论过，他姥姥跟他们一起住，偶尔也表示对养老问题的担心。大家觉得养老这个问题每家都会遇到，容易找到采访对象，所以，最终的选题就确定为设计一座养老公寓。

二、 确定怎样的学习目标和作品？

人口问题看得见、摸得着，对我们每个人都有影响。学生对我国的人口问题已经有了初步了解，知道中国是个人口大国，但对中国已经进入人口老龄化社会、北京的人口老龄化问题更加突出等社会现状还不是十分清楚。教师希望学生能关注生活中的人口问题，还能针对这个问题做出一些有益的实践。在学习过程中，除了关于知识的学习，还注重能力培养，例如，时间管理、任务管理、交流合作等。

经过和指导教师交流，组员们发现不能一上来就进行设计，在正式设计前还有许多工作要做。通过头脑风暴，四位同学把问题进行了分解：就知识而言，学生听说过人口老龄化这一术语，但不能说出其确切的定义，对北京的人口老龄化问题有多么严重也不清楚。因此，既要学习人口地理知识，也要了解目前北京的人口老龄化现状。有些老年人不想去养老公寓，原因是什么？现在北京的养老公寓到底怎么样？如果设计新的养老公寓，应选在什么地方？有什么特色？这些问题提出来以后，组员又列出查找问题答案的办法，例如，上网查找统计数据；采访一些老年人或者中年人，调查他们的养老需求、对养老公寓的看法等。

最终，结合老师提出的要求，他们拟定了下面的学习目标：

1. 通过查找资料，了解人口老龄化的概念，了解北京人口老龄化现状。

2. 能够写出格式规范、论证严密、符合逻辑的研究报告或论文。

3. 能够通过调查，分析人们对养老公寓的要求。

4. 能够完成一座养老公寓的规划设计图。

5. 能够制订计划并执行计划。

6. 能够在众人面前做正式发言。
7. 能够在小组中与其他同学共同合作。
8. 能够对老年人群体有更多的关心和理解。

组长带领大家落实了具体任务，确定最后要交给老师的作品有：一篇小论文，一幅设计图。在讨论作品时，一位同学突然灵机一动，提议做一个3D模型。他学习过编程，可以用电脑设计一些不太复杂的3D模型。这个想法让大家很兴奋，这意味着设计的公寓最后会变成栩栩如生的立体建筑。于是，大家在作品中又加了一个3D模型。

三、 项目活动进展顺利吗？

一个月的项目学习很快结束了，这个小组遇到一些困难，但最终还是完成了计划。

第一周，选出组长，选择并讨论项目主题，拟定学习目标，制订小组计划和初步分工。他们需要阅读教材，利用网络查找资料学习了解人口老龄化的知识。他们的计划是每人找到几篇有用的文章，可以是论文或者新闻报道，先全组分享，再提出问题和教师讨论。大家发现北京已经是人口老龄化现象很严重的城市，而且越来越严重。第一周的周末，大家分头寻找采访对象，确定采访问题，开始采访。

第二周，继续收集资料和采访，将收集的资料进行汇总分析。他们实地采访了几位老年人，打算将采访的音频转成文字，但实际操作起来，发现工作量比较大，于是小组成员分工合作完成。他们发现问题准备得还不够具体，有些老年人回答问题时没有说清楚，采访的同学也没有意识到。跟指导教师交流，老师认为，还需要再补充采访老人们对养老院的要求，要问得详细一些，为后面的设计做准备。也可以采访老年人的子女，看看他们对此有什么要求。进行二次采访的困难是，大家的时间不容易统一。于是，同学们决定首选电话或微信语音采访，如果必须面对面交流，就请家长帮助送到采访地点。按计划，本周小组还需要讨论论文框架，并就论文框架在微信群与教师交流，大家觉得时间有点紧张。

第三周，小组的任务更加繁重。组员要讨论和完善论文初稿，并根据资料分析养老公寓的选址和设计图的初稿。为了了解北京养老院的现状，两位同学实地走访了一座老年公寓。负责设计3D模型的同学也开始加班加点。周五上交论文初稿，继续在微信群和指导教师沟通。本周遇到的困难是集中讨论的时间不够，公寓内建筑的设计方案还有分歧。组长确定在微信群统一讨论的时间，再次明确每个组员的任务，强调要克服困难，必须在本周内完成。因为小组内有一位组员开始拖沓了，组长不得不在提醒无效的情况下帮他做一些工作。

小组在第三周提交的论文初稿，具体内容如下。

关于北京老年公寓的规划

引言：

北京市已步入人口老龄化社会，养老形势紧迫。而社会上的各种养老机构良莠不齐，条件好的排队登记，需要十几年才能进驻；条件差的，几乎无人造访。本文根据调查研究和实地采访，就老年公寓做出一个较为合理的设计和规划。

关键词：

老龄化　老年公寓　规划

正文：

人口老龄化社会是指老年人口占总人口达到或超过一定比例的人口结构模型。按照联合国的传统标准是一个地区60岁以上的老年人口达到总人口的10%，新标准是65岁以上的老年人口占总人口的7%，该地区即视为进入人口老龄化社会。截至2016年底，北京市60岁及以上户籍老年人口约329.2万，占户籍总人口的24.1%，户籍人口老龄化程度居全国第二位，已步入人口老龄化社会。

在2014年北京首次公布的市户籍居民的"人口金字塔"数据显示，北京的人口金字塔呈现"纺锤形"，中间有两段突出，上下两段较窄。中间两段突出，其中有一段——20世纪五六十年代新中国成立后，出生人口数量激增。这就意味着，10—20年以后，这个阶段的人口逐渐进入老年行列，随着医疗条件和生活水平的提高，北京的人口老龄化程度越来越严重，加上这个时段居民的下一代大部分都是独生子女，所以他们的养老服务必将成为一个亟待解决的社会问题。

截至2016年底，北京市共有养老机构534家，投入运营的养老床位有111422张。根据不同的运营主体，养老机构可划分为公办公营、公办民营、民办公助（社会办）三类。其中公办公营的养老机构有180家，床位有25953张；公办民营的养老机构有80家，床位有16527张；民办公助（社会办）的养老机构有274家，床位有68942张。见下表。

北京各类型养老机构数据

养老机构类型	机构数量（单位：家）	床位总数（单位：床）
公办公营	180	25953
公办民营	80	16527
民办公助（社会办）	274	68942
合计	534	111422

（注：转自《北京日报》发布的 2015 年 6 月 30 日新华网资料）

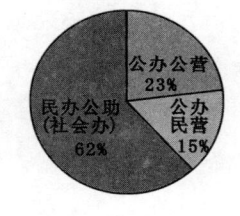

各类型养老机构数量分布
- 民办公助（社会办）51%
- 公办公营 34%
- 公办民营 15%

各类型养老机构床位数量分布
- 民办公助（社会办）62%
- 公办公营 23%
- 公办民营 15%

我们随机采访了北京几位 70 岁以上的老年人，听听他们是怎么说的。

石奶奶：我是海淀区的，退休前是大学老师。我想住条件好一点的老年公寓，听说泰康有一个很好的老年公寓，我让孩子打听了一下，报名的特别多，现在报名得 10 年以后才能住上，还不知道能不能活到那个时候。

王爷爷：我是丰台区的，退休前是军人。其实我本身不想住老年公寓，主要担心很多，怕条件和服务跟不上，受罪。要是以后有很多温馨的家庭化老年公寓，我还是可以考虑的，一来是不给孩子添麻烦，二来是老人们在一起不孤单。

刘奶奶：我是通州区的，退休前是工人。老年公寓我前几年就一直打听着，总是有顾虑，不敢住，主要是怕条件不好，遭到虐待。

范奶奶：我是亦庄的，退休前是干部。今年 83 岁，我没跟儿女们一块儿住，现在和老伴互相照顾，但面临很多困难，不会用网络，买菜上楼成问题，也不想找保姆。哎，扛一天是一天。

要是有好的老年公寓，当然愿意去住了。"

经过分析得出，目前北京"4-2-1"家庭（即四个老人、一对夫妻、一个孩子）所占比例越来越大，子女随着工作、生活节奏的加快以及本人所受压力的加大，已经难以在时间、精力上更多地顾及高龄父母，要求年轻人在家照顾双亲及祖父母辈老人很不现实。高龄老人、失能老人除了日常生活和身体需要照顾外，他们在精神生活方面也有需求，希望得到情感交流。他们对入住老年公寓、接受老年护理及专业服务等方面的需求愿望非常强烈。老人们的顾虑基本上是条件好的老年公寓住不进去，人满为患，条件差的不愿意去受罪，在家里多扛一天是一天，期待可心的养老服务。

随着社会的进步和物质生活水平的提高，老年人越来越关注生活质量，在物质生活得到保证以后，更加追求精神生活的需要。他们入住养老公寓已不再只看重价格，而是更加关注环境、服务、配套设施、人际交流等软硬件条件。

在老年人的住宅规划和设计上，不仅要满足居住功能的要求，使老年人的居住建筑设计达到安全、卫生、方便、适用的要求，还要无处不在地体现出对老年人的人文关怀，更要考虑社会心理学所涉及的居住心理问题。

对此，我们对几位居民进行了采访。

张叔叔：我今年38岁，关于父母的养老问题，我是这样考虑的，因为我和我爱人都是独生子女，将来照顾四位老人实在是难度太大，他们也都说不想给我们添麻烦。四位老人打算以后住同一个老年公寓，一来可以互相帮衬，二来方便我们探望。所以我想选个交通方便、环境好、有医疗条件的老年公寓，也就是硬件、软件都必须跟得上，哪怕贵一点都没问题。

范奶奶：我就想啊，得找个空气好、安静、离医院近、伙食好、生活起来方便随心、工作人员尽职尽责的老年公寓。

王爷爷：我再补充一句，别看我们老了，其实不是混吃等死的，我们还有追求呢，最好有老年大学，活到老学到老嘛。

根据以上采访我们进行了整理，老年公寓要满足以下几个特征：

1. 设计要满足老年人的特殊需求。

老年人的生理特征、生活行为有特殊的需要。例如，老年人出行，不能有过多的台阶，有台阶处应有相应的轮椅通道；楼梯两侧要有扶手；室内地面应采用防滑设计等。

2. 硬件设施智能化。

需要配备先进的紧急呼叫定位系统、网络系统、消防监控系统、出入口控制系统、门禁系统、红外线越界报警系统、摄像监控系统等。

3. 环境优美。

应有幽雅的环境，让老年人充分享受阳光，接触大自然。公共活动空间面积要大而且安全，有老年人娱乐和锻炼的场所。居住区内人车分流，安静，便于老年人进行室外活动；建筑布局应确保有良好的采光、通风、景观等，为老年人提供优质的生活空间。

4. 户型设计要合理。

房间设计要考虑到日照、通风、采光、换气，让起居生活空间能直通阳光。要使老年人能方便地使用卫生设备。

5. 有丰富的精神生活设施。

为了满足老年人精神生活的需要，养老公寓内要配备丰富精神文化的设施，在娱乐、学习、交往、情感等方面照顾老年人的心理需求，可以建会所、健身房、阅览室、书画室、花房、棋牌娱乐室、门球场等文体娱乐设施。

6. 交通便利，周围有生活配套设施。

养老公寓要建在交通便利的地方，方便老年人的亲属探望和有自理能力的老年人出行。养老公寓的老年人也需要购置生活用品，周围还要有便利店等配套设施，满足老年人日常生活的需要。

综合以上，小组展开调研。我们认为，养老公寓的选址主要考虑以下几个地理区位因素：距市中心的距离和地价、交通条件、周边的自然环境、医疗条件、购物娱乐等配套设施。

距离市区的远近主要影响地价、生活成本。我们了解到市区的养老公寓普遍面积较小，某些社区的养老公寓活动空间很小，周边也没有多少自然风光。个别收费高的养老公寓设施先进，邻近某个公园，但是收费很高，床位很少。我们希望建设一个空间较大的养老公寓，有优美的自然风光、便利的生活设施，能满足老年人健康生活、休闲娱乐的多种需求。综合考虑之后，我们决定将目标锁定在市区以外的地方。

北京的地形特点是西面、北面有山，河流总体从西北流向东南，如果能找到自然风光优美的地方，老人们一定喜欢，也有利于他们的健康。开始我们想选在密云和怀柔，那里有许多著名的景区，但经过调查发现，那里地形崎岖，离家较远，并不合适。经过比较，我们选择了顺义区的俸伯。从下面的局部图示可以看出，俸伯位于顺义区，靠近潮白河，有水景风光；离西城区距离约为50千米，交通便捷；有地铁15号线经过并设站，自驾车到达需要1小时左右，乘坐公共交通工具大约需要1小时40分钟，对于原来生活在市区的老人容易适应，子女来探望也很方便；距离首都机场也很近；顺义区近年来城市建设发展很快，俸伯地铁站附近超市、医院等应有尽有，生活在那里很舒适。

北京顺义区俸伯地理位置图

俸伯选址的可行性

地理环境	选择原因
地址	北京市顺义区俸伯村
交通	距首都机场10千米，地铁15号线、918路公交车直达
自然环境	潮白河流经，有潮白河森林公园，有高尔夫球场，景色优美
人口密度	863人/平方千米，相当于城区的1/30
基础设施	医院：顺义区中医院、顺义区医院、解放军66055医院；购物：京客隆、物美等大超市；距地铁有1站地远；有书店；有电影院

养老公寓的主要设施及功能：

1. 老年公寓楼：供老年人居住和生活，分为高、中、低三档，满足不同收入家庭的需求。

2. 老年活动中心：提供休闲娱乐的空间，包括图书室及学习中心、棋牌娱乐中心、老年大学活动室。

3. 老年医疗中心：提供配套医疗设施，满足定期检查、紧急抢救、康复训练、心理咨询等需求。

4. 户外活动区：建设户外绿地景观步行区，安置健身设备。可以留出空地，让老年人种植果蔬花卉，既能锻炼身体，又能美化环境，还能产出绿色农产品。

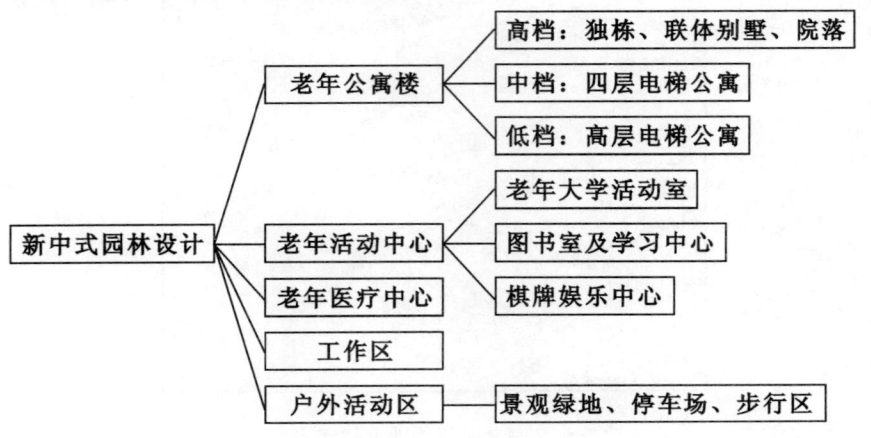

养老公寓的功能设计

软件建设：在养老公寓的软件建设方面，我们了解到，目前有 6 所高职院校、6 所中职学校新增了老年服务与管理专业，目前在校学生有 509 人。北京市经人力社保部门审批的具有养老护理员培训资质的职业技能培训学校有 23 家，承担免费培训的定点培训学校有 16 家。养老公寓必须招收专业护理人员，必须经过专业考核上岗，以保证老年公寓的优化服务。

结语：养老公寓作为具有开放性、产业化特点的老年人养护和生活社区，近年来开始受到部分人士的关注。在一些城市，例如，北京、上海、广州等地，养老公寓作为社会养老的一个主要部分已初具规模，为我国老年养护设施及其生活社区的产业化和社会化发展开辟了新的途径。

参考文献：略。

通过交流，教师认为该小组的项目学习任务完成状况整体良好，始终在按照计划执行，论文基本框架和素材都比较完备，接下来要更加关注养老公寓的产品设计。小组成员希望完成一张电子版设计图，并将电子版图纸变成 3D 立体模型。

教师对论文初稿作了评价。见下表。

对《关于北京养老公寓的规划》初稿的评价

评价方面	评价结果
内容	内容基本完整，研究比较充分
思想与沟通	对主题大致理解，有观点，有解释
组织结构、文法和用词	有自己的语言，但有复制粘贴的痕迹。语言较流畅，参考文献有标注
图解	有图解，有标注，对展示研究结果有帮助
整体表达	整体不错，前面的访谈可以适当缩减。分类很好。要有采访视频或音频附件。养老公寓的位置图要附上，整体设计还需要再具体，例如，不同档次的老年公寓楼的大体价格、老年活动中心的配套设施有何差异。访谈中可以调查老年人的心理预期价位。学生还需要关注北京已有的养老公寓的营业状况

第四周，小组成员继续在微信群和教师讨论设计方案的修改及展示汇报的内容。在计算机房，小组成员共同讨论制作汇报交流时使用的 PPT 演示文稿。本周遇到的困难不少，首先临近期末考试，同学们的时间变得更加紧张，3D 模型只完成了几栋楼房的设计，由于技术所限，无法将它们组合起来安置在一个平面上。且学校的电脑无法安装播放 3D 作品的软件，产品如何展示成了一个问题。最后老师提议，可以在家里的电脑上播放 3D 作品，将过程录制成视频在班级播放。原本想制作成电子版的设计图，发现困难太大，无法完成，改成手绘版（见下图），效果可能会打折扣。论文字数太多，经过删改后基本成型。PPT 演示文稿内容太多，担心展示时会严重超时。组长将代表大家汇报，但他觉得自己口才不佳，上台容易紧张。教师鼓励他回家多练习，也讲了一些注意事项，同时教师提醒大家想一想，观众可能会提哪些问题，如何应对。

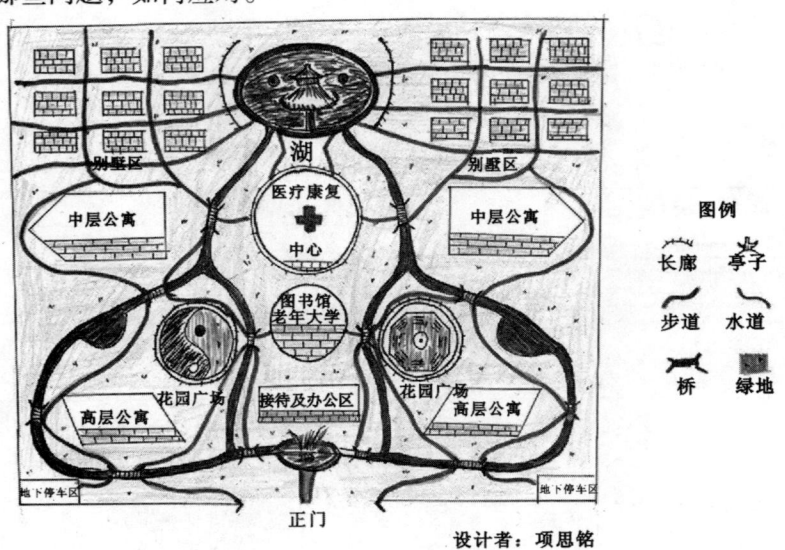

养老公寓平面设计草图

四、终于到了展示交流的环节

由于期末考试的压力太大，老师最终将展示交流时间推迟到第五周。小组展示时，他们条理清晰地介绍了项目内容、实践成果，视频里造型新颖的 3D 建筑模型吸引了同学们的眼球。听着他们的介绍，大家第一次认真地思考人口老龄化带来的问题。进入提问环节，有几位家长和同学先后提出问题，例如，这些建筑的外观是否与功能有关，这个养老公寓到底预计建多大，设计图里为什么没画出比例尺等。小组成员介绍了自己的想法，说明有些工作因为一些现实困难没有实现预期目标，也坦承比例尺是在重新修改时漏画了。大家认为这个小组工作认真，较好地实现了预期目标，收获很多。

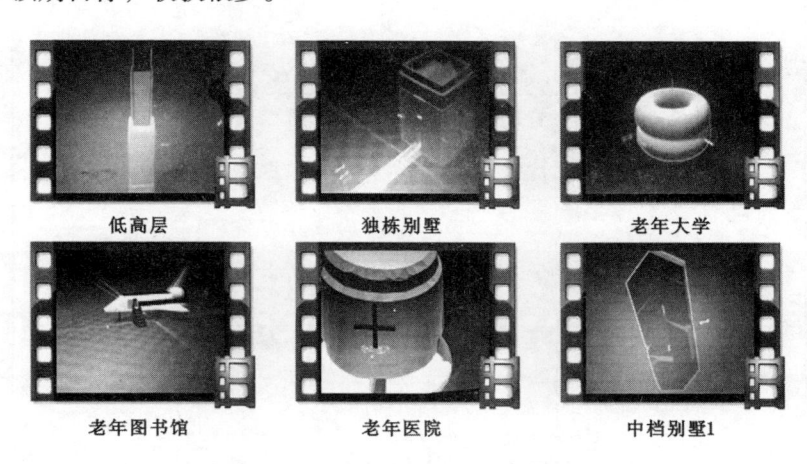

低高层	独栋别墅	老年大学
老年图书馆	老年医院	中档别墅1

养老公寓 3D 建筑模型图视频截屏

五、总结和反思

整个项目学习过程总结为下表。

"北京市养老公寓选址和设计"项目活动过程

	课上	课下	问题和困难	措施
第一周	自由分组,选出组长,选择并讨论项目主题,制订小组计划和初步分工	阅读教材,利用网络查找资料,提出问题和教师讨论	对人口老龄化概念不理解	教师讲解
第二周	小组讨论,将每个人的资料汇总后分析,对外出采访的资料进行整理	实地采访几位老年人,并将音频转成文字,讨论研究论文初稿的框架,并就论文框架在微信群与教师交流	将音频转为文字的工作量较大,问题准备得还不够具体,老年人回答问题时答偏了却没有及时引导。指导教师认为,还需要再补充采访,时间有点紧张	协调时间,请家长帮助接送到采访地点。个别老年人可以采用电话采访,省去路上的时间。小组成员分工完成音频转文字的工作
第三周	小组讨论,完善论文,并根据资料分析,完成养老公寓的选址和整体规划设计图的初稿	实地探访养老公寓,设计3D模型,组员交流,交论文初稿,继续在微信群和教师沟通	集中讨论的时间不够,公寓内建筑的设计方案还有分歧	确定在微信群统一讨论的时间,每个组员都需要克服困难,必须在本周内完成
第四周	在计算机房上课,全组共同讨论交流汇报使用的PPT演示文稿	继续在微信群和教师沟通,组员交流,完成平面设计图和3D模型的设计。讨论展示汇报的内容	学校的电脑无法安装播放3D作品的软件,无法展示作品。论文字数太多,经过提炼后,PPT演示文稿还是内容太多,担心展示时会严重超时	在学生家里播放3D作品,将过程录制成视频。征求教师的意见,再精简内容,增加图示

（续表）

	课上	课下	问题和困难	措施
第五周	展示交流，完成答辩环节	确定汇报人员，一起讨论观众可能会提出的问题	主讲学生心情紧张，担心讲述效果	在家请家长当观众，多练习

回顾整个过程，我们发现，这个小组的成员非常团结，在项目学习的过程中，他们始终与指导教师保持密切联系，并且能够严格执行计划。最后汇报时，四个成员中有三位同学的家长参加了交流会，并在现场踊跃提问。他们对自己的作品有很高的要求，做完展示后，还表示有很多遗憾。

在学生的自我评价中，小组成员写道：在地理学科知识技能方面，我们的收获是了解了北京人口老龄化的现状，知道养老公寓选址要考虑的区位条件；能运用地图知识，绘制平面设计图；小组活动使学生增强了彼此间的沟通，懂得了团队合作的重要性，认识到做事必须有计划，成员之间多交流可以提高做事效率；网上信息良莠不齐，要学会过滤和筛选，实地考察获得的资料最有说服力。通过这个项目，我们发现有人善于写作；有人善于思考、出谋划策；有人善于做访谈；有人善于听取别人的意见，服从组长的领导，做具体明确的事情。我们发现了各自的特点和在一个小团体中的定位，有的人喜欢现在的样子，有的人还在考虑要不要调整。在回答如果再做这个项目会做哪些调整时，大家表示，一定要与同伴多交流；学会用电脑绘制平面图，那样效果会更好；增加实地考察内容，获取更多真实、有效的信息。

这个小组在规定时间内完成了所有工作，并提交了资料包，包含小组项目学习过程中的所有资料、记录、作品初稿，以及最后的设计图、3D模型视频等。

第二节 "小区改造"项目案例

一、项目主题和任务

随着经济的快速发展,我国进入城市化快速发展阶段。以北京为例,各种新建筑拔地而起,新小区不断涌现,一些年代久远的小区面临基础设施陈旧、规划不合理等问题。北京市政府为提高居民的生活质量,实施了老旧小区改造工程,这是一项民生工程,笔者希望学生关注并具体分析某个小区,了解它出现了什么问题,能提出什么改造建议。基于这样的考虑,教师设计了如下任务:在感受你家小区附近××年变化的基础上,提出对小区未来环境的改进建议。最终小组选取"小区改造"作为项目驱动任务。

二、项目学习目标

本项目是由教师提供的驱动任务提炼的,对应的课标知识点是聚落。聚落分为城市聚落和乡村聚落。北京作为我国的首都,城市化发展进入较高水平,市容市貌也发生了巨大变化,新小区、新道路、新的地标建筑不断涌现。对学生来说,生活、学习的场所主要是学校和家庭所在的地区。笔者希望他们通过关注身边的变化来了解北京的发展。具体学习目标如下所述：

1. 能够写出格式规范、论证严密、符合逻辑的研究报告或论文。

2. 能够结合北京的自然环境特点，认识小区设施与自然环境的关系。

3. 能够通过调查，了解某小区的环境问题和改造需求。

4. 能够针对问题提出改造建议。

5. 能够制订计划并执行计划。

6. 能够在众人面前做正式发言。

7. 能够在小组中与其他同学共同合作。

三、项目活动过程

该小组的活动过程归纳为下表。

"小区改造"项目组活动过程

	课上	课下	困难	措施
第一周	自由分组，选出组长。选择并讨论项目主题，制订小组计划和初步分工	阅读教材，利用网络查找北京老旧小区改造的相关资料，选择调查小区，提出采访问题与教师讨论	不确定选择哪个小区作为调查对象	周末一起实地调查，对比分析
第二周	小组讨论，一起设计调查问卷，确定调查小区和发放问卷方式。讨论论文框架	实地采访小区居民和物业管理人员，发放调查问卷	有些居民不愿意接受采访，或者不愿意填写问卷	利用问卷星软件在小区业主群内发布问卷

（续表）

	课上	课下	困难	措施
第三周	小组讨论整理调查结果，归纳居民意见，寻找治理对策，完成论文初稿	组员交流，继续在微信群与教师沟通，完成论文初稿	集中讨论的时间太少，担心论文不能及时完成	确定微信群统一讨论的时间，规定中午在校研讨的时间，并且明确每次讨论的内容。必须在本周内完成
第四周	在计算机房上课，继续整合资料，设计完成交流汇报使用的PPT演示文稿	在微信群和教师沟通展示交流的注意事项，讨论最后作品的形式。组员交流，讨论交流汇报分工	多数组员不能在家使用电脑，完成PPT演示文稿有困难。最后的改造建议以什么形式完成还存在争议，有两种可能：一张类似于宣传海报的建议书，或者编写一本小册子	请教师联系学校机房，以保证使用电脑完成PPT演示文稿的时间。两种作品都设计一个框架，看看效果，再取舍
第五周	展示交流，完成答辩环节	完成小册子，填写项目手册，整理并上传资源包，确定汇报人员，一起模拟汇报过程	担心PPT演示文稿是否能突出反映小区问题，小组提出的措施大家会不会提意见	在家请家长当观众，多练习

四、 项目作品

该小组的项目作品包括研究报告或论文、小区改造建议书、项目手册、访谈音频或视频、小组集体或部分在全班面前使用PPT演示文稿展示交流。

五、论文初稿

下面是该小组经过了多次修改完善后于第三周提交的论文初稿。

小区附近 30 年来环境的变化及对未来环境的改进建议

1. 主要调查方法：问卷调查、实际考察
2. 住宅区建成情况

在近 30 年内，北京主要住宅区由平房转变为楼房，小区规模与建设逐渐完善。

1978 年以前，由于我国几乎没有主营房地产的企业或机构，所以当时人均居住面积是 12 平方米，人们只能挤在狭窄的胡同、拥挤的四合院里。

俯瞰北京四合院

现在北京新建小区中，大部分是由胡同平房拆迁后建成的，完工时间集中在从唐山大地震后的 1978—1990 年、2002—2007 年两个时间段。

例如，枫桦豪景小区位于广安门内大街，于2002年9月建成。以前曾经是平房区，人口杂乱，基础设施不完善，卫生条件差，各种管线杂乱无章，排水排污不畅，垃圾成灾，街巷狭窄、拥挤，存在严重的消防隐患，居住状况类似现在的城中村。从1997年开始，政府决定对这里实行征地改造，拆除所有原有的房屋，土地全部变成商品房住宅用地，由专业的房地产开发公司统一规划、统一建设、统一对外公开出售。同时，对原有住户进行妥善安置，统一用货币补偿，给每户人家发放拆迁补偿款。后来，在政府的指导下，房地产开发公司把这里统一规划成四幢楼，分别为A座、B座、C座、D座。每幢楼都是12层，每层高度约3米，全楼高度约36米，为钢筋混凝土结构建筑，非常结实。

北京感化胡同3号院小区位于原宣武区西北部，东起下斜街，西至长椿街。

3. 小区内部存在的问题

（1）枫桦豪景小区存在的问题

小区实现人车分流，小区正门设在西面，同时车库的出口和入口分别设在正门的两侧，即都是在莲花胡同这条路上。新小区建成后，随着汽车用户的迅速增加，小区周围经常会发生堵车情况，特别是上下学或上下班高峰时，严重影响通行。

（2）感化胡同3号院存在的问题

平顶楼房的房顶容易渗漏，保温效果差，小区的绿化率只有约30%。

4. 住宅区内部改进实施方案

（1）建筑方面

感化胡同3号院进行平改坡改造，竣工后住在顶层的居民明显感受到了平改坡的好处，雨天也不用再为屋顶的渗漏担心了。

"平改坡"是指在建筑结构许可条件下，将多层住宅平屋面改建成坡屋顶，并对外立面进行整修粉饰，达到改善住宅性能和建筑物外观视觉效果的房屋修缮行为。

（2）交通方面

人车分流，改善交通条件。2015年，为了改变枫桦豪景小区周围交通不畅的状况，交通部门将莲花胡同、西砖胡同设置成单行道，并在两条胡同入口安装了违章拍摄设施，这样小区周边再也没有发生过堵车的情况，人们的出行条件得到了极大改善。

（3）环境方面

在住宅区附近建设地铁站、学校、公交车站等公共设施，同时，扩大小区绿化面积，使住户有更好的居住体验。

5. 调查问卷

本次共回收调查问卷73份，有效问卷73份，共7道题，2道填空题，2道单选题，3道多选题。

6. 住宅区未来环境改进方案

通过整理调查问卷发现，有55%的居民对现在的小区整体状况十分满意，有一半的居民认为小区停车位不够，小区垃圾未分类，应增加便民设施等。为此，我们提出的改进方案是：

（1）增加小区绿化面积

院内靠近楼房两侧要进行合理绿化，营造绿色通道，给行人、车辆提供一种安全感和良好的社区氛围。但同时也要注意不要种太高、太茂盛的树木，以免在恶劣天气时砸伤行人或剐蹭楼房窗户。

（2）绿地适当点缀一些园林雕塑小品，要能反映小区生活和睦、安静、祥和的气氛。

（3）建设配套的文体设施，如阅览室、游泳馆、乒乓球馆、健身房等。

（4）小区由专业的物业公司进行管理，给大家提供安全、舒适的生活环境。

（5）实行人车分流，改善交通拥堵状况。

六、指导教师对论文初稿的评价

教师对"小区改进"项目的评价

内容	评价结果
内容 50%	内容基本完整，对主题大体理解，有不同小区做对比研究，对现存问题进行了实地调查，研究比较充分，并提出了改进建议，观点比较清晰。文章缺少小区设施对北京自然环境适应的调查和分析，其实平改坡工程就是一个例子，建议从这个角度再补充资料。文中提到的问卷以及结果分析要具体呈现，这是观点提出的基础，不能省略
组织结构和文法 20%	有自己的语言，比较流畅；格式不太规范，缺少参考文献
图解 20%	有图片，但没有关于平改坡的图解，建议补上，有助于同学们对这项工程的理解
整体表达 10%	就初稿而言，整体完成较好。有调查、有研究、有改进建议

指导教师还指出，除了调查小区居民，还需要找小区物业人员做访谈，请他们看看同学们的建议是否可行，有哪些已经开始做了，如果没有做，原因是什么？遇到哪些困难？

下面是学生补充的问卷及其分析说明。

北京市 2017 年小区变化调查问卷

1. 您居住在哪里？
2. 您在此小区居住了多少年？

3. 您觉得您所住的小区近些年变化大吗？

4. 您觉得小区变化主要在哪里？（打对勾，可多选）

附近交通（　　）　　住宅翻新（　　）　　绿化环境（　　）

周边商铺（　　）　　内部设施（　　）　　其他（　　）

结论分析：从下图中可以看出，关于小区的主要变化，排名靠前的四点依次是：附近交通、周边商铺、绿化环境、住宅翻新。说明近些年北京交通发展迅速，居民生活购物条件明显改善，绿地面积也在增加。

第4题：您觉得小区变化主要在哪里？[多选题]

选项	小计	比例
附近交通	36	49.32%
住宅翻新	15	20.55%
绿化环境	27	36.99%
周边商铺	33	45.21%
内部设施	10	13.70%
其他[详细]	9	12.33%
本题有效填写人次	73	

- 附近交通：49.32%
- 住宅翻新：20.55%
- 绿化环境：36.99%
- 周边商铺：45.21%
- 内部设施：13.7%
- 其他：12.33%

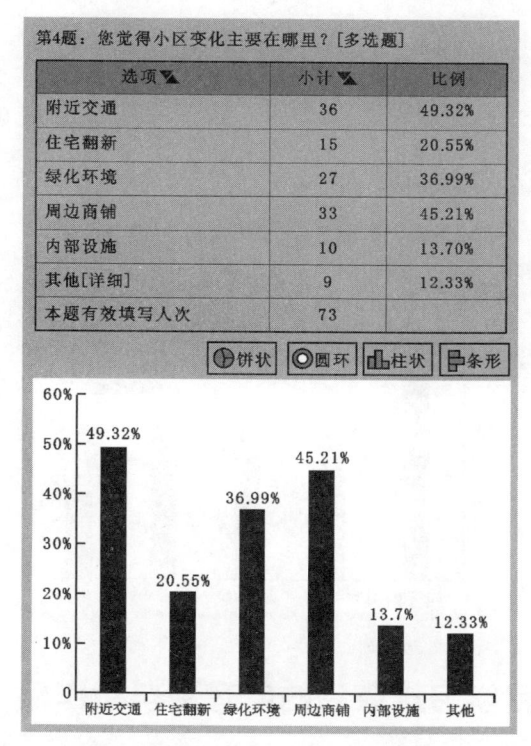

5. 您觉得小区还有哪些可以改进的地方呢？（打对勾，可多选）

绿化环境（　　）　　附近交通（　　）　　周边商铺（　　）

中学地理项目学习
的课程实施

建筑舒适度（　　）　其他（　　）

结论分析：从下图中可以看出，大家认为应该改进的地方依次是：绿化环境、建筑舒适度、附近交通、周边商铺。结合上一题的答案，尽管环境和交通有所改善，但随着居民生活水平的提高，大家对绿化环境、交通状况的要求也在提高，还希望小区环境更美、出行更畅通。

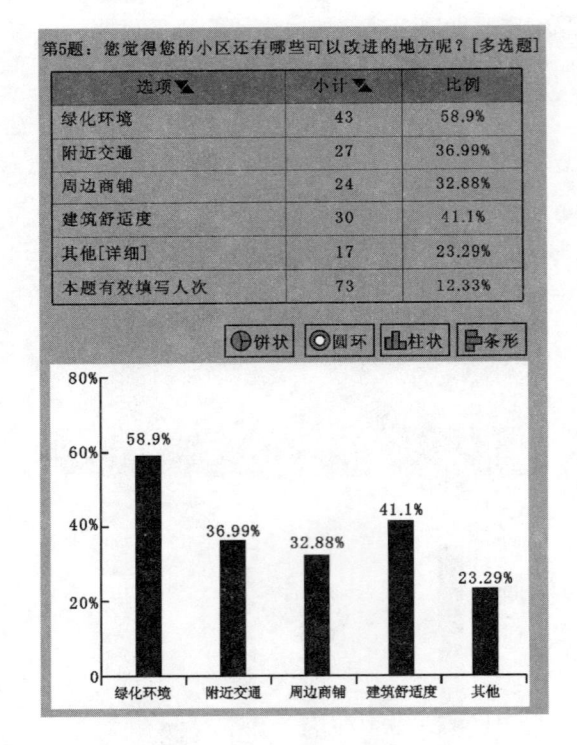

第5题：您觉得您的小区还有哪些可以改进的地方呢？[多选题]

选项	小计	比例
绿化环境	43	58.9%
附近交通	27	36.99%
周边商铺	24	32.88%
建筑舒适度	30	41.1%
其他[详细]	17	23.29%
本题有效填写人次	73	12.33%

七、项目学习结束后的所有资料和作品

这个小组在规定时间内完成了所有工作并提交了资料包，包含小组项目学习过程中的所有资料、记录、作品初稿等以及最后展示交流的PPT演示文稿和建议手册。

八、教师的反思

这个小组在整个项目学习过程中并不是一帆风顺的。最开始，组员对选择哪些小区作为调查对象争论不休，所以开始调查时选了多个小区，但实践证明，精力不够、时间不够。于是，小组重新讨论缩小了调查范围，这也导致项目进度比计划滞后，小组成员陷入紧张状态。发放问卷时，面临居民不愿填写、热情不高等困难，他们积极想办法，利用问卷星软件在小区业主群内发布问卷，最终收回问卷73份。在项目手册的最后一页是自我评价表，小组长写道："通过这个项目，在地理学科知识与技能方面，我了解到小区的设施要与自然环境相适应，例如平改坡工程；在关于开展小组工作方面，我明白了团结和听取他人的意见很重要，有些工作必须大家一起努力完成；关于收集资料和其他工作，如何收集有效信息非常重要。"他发现自己的优势是具有一定的领导力，但不足之处是快速收集资料方面做得不够好。如果以后再做这个项目，他会注意执行计划时不能拖延时间，还要增加一些实地采访内容。

结合指导教师的意见以及学生在整个过程中的表现，我们认为这个小组基本实现了项目学习的全部目标。他们能够结合地理知识进行研究，在小组合作过程中，听取他人意见，认真完成自己的工作，遇到困难不退缩，集体想办法，及时调整计划，最终完成所有任务，并在展示交流时清晰地介绍了研究过程，设计出了小区改造建议手册。

第三节
"保护和传承'宣南文化'"项目案例

高一年级第二学期学习《地理2》的内容，我们选取"城镇和乡村"内容作为项目学习的主题。该内容在《普通高中地理课程标准（2017版）》中的要求如下所述。

1. 结合实例，解释城市内部空间结构，说明合理利用城乡空间的意义。

2. 结合实例，说明地域文化在城市景观上的体现。

3. 运用资料，说明不同地区城镇化的过程和特点，以及城镇化的利弊。

按照本书第二章介绍的方法，我们将从一般学科问题中提取关键内容，在此基础上通过适当拓展或细化形成项目学习的主题。

选择城市地理作为项目学习的内容，是因为我国正处于快速城市化阶段，大量农村人口涌向城市，城市规模迅速扩张，尤其像北京这样的特大城市，发展更加迅猛。学生生活在北京，感受着首都北京日新月异的变化。

城市化过程带动经济发展，但在这个过程中也会出现环境污染、交通拥堵、资源短缺等问题。随着人们对城市发展认识水平的不断提高，北京城市职能定位越来越清晰，北京要建设成为国际一流的和谐宜居之都并成为"四个中心"：全国政治中心、全国文化中心、国际交往中心、科技创新中心，同时要严格控制人口规模、用地规模，疏解非首都职能。近些年北京城市规划建设方面的重大举措包括：原宣武区、西城区合并为新的西城区，原崇文区、东城区合并为新的东城区，新的西城区、东城区将形成未来的首都功能核心区；在通州新城建设北京城市副中心。

学生正在见证北京城市的重新规划，这种变化对北京的城市形态、城市空间结构，以及生活在北京的居民的衣食住行都会产生重要而深远的影响。由此可见，城市主题可以衍生出许多与学生有关的真问题，适合作为项目学习的选题。

根据课程标准，学生可以选择与城市地理相关的驱动问题，再提炼出对应的主题。经过全班同学讨论，确定出三个主题：北京城市空间结构和城市发展、北京的城市化进程和出现的问题、北京的地域文化保护与传承。

我们将项目活动的过程分为三个阶段：前期——准备和设计、中期——项目实施、后期——反思，每个阶段都有对应的任务。

一、前期——准备和设计

（一）引导学生完成主题和驱动问题的设计

关键要明确项目学习的主题——城市，学生将围绕与城市相关的课程标准开展项目学习。本书前面介绍过，驱动问题是需要解决的现实问题。高一学生能够驾驭的问题和能够制作的产品，往往比较"小"，这也是项目学习的特点决定的。实际问题往往与课程标准不完全一致，我们鼓励学生将不同的内容整合，或者将某一个内容拓展做深化处理。如果过分拘泥于课程标准的原话，可能会变成传统的课堂讲授中的案例分析，局限于以传授知识为主，有悖项目学习的特点。项目学习的过程比较长，需要精心设计驱动问题和预计完成的产品。对生成的驱动问题，要评估学生的能力和精力是否能够完成，避免半途而废。为了生成更多的好问题，要鼓励学生多说多想，把想到的话题都抛出来，别怕说错跑偏，从中筛选学生感兴趣的真问题。教师可以帮助他们将问题与三个主题进行比对，找到适合探究的问题。

我们学校（北京师范大学附属中学）位于和平门附近，属于原宣武区，和原崇文区都属于南城。宣武门外位于宣武门之南，古代，有大量进京赶考的学子和经商的商人会选择住在那里的会馆，从而形成独特的"宣南文化"。例如，离我们学校步行不到10分钟的琉璃厂，以售卖古董、字画、文房四宝而闻名，就是"宣南文化"的一大亮点。"宣武""崇文"这两个名字，有文成武德、文武并重等含义。现在这块地方还在，但"宣武""崇文"这两个名字从新的北京行政区划图上消失了。

由于地理位置的原因，我校生源以原宣武区的学生为主，很多教师和学生居住在这里，有些家庭甚至在这里居住了好几代。时至今日，很多冠以"宣武区"的地名、单位名称都不见了，不了解北京过去历史的人听到宣武区三个字已经感觉陌生，随着时间的流逝，这个名字蕴含的地理意义可能会被这里的人慢慢遗忘。学生提出这个话题后，继续质疑，为什么要合并"宣武区""西城区"？"宣武区"的地域文化与"西城区"一样吗？这种合并对原宣武区的地域文化有哪些影响？我们能做些什么事情让大家了解原宣武区的地域文化特点呢？

地域文化是人类在特定的地域范围内创造的文化，有很强的地域性。北京是地域文化特色鲜明的城市。提到北京的地域文化，人们脑海中立刻会浮现出故宫、天坛、四合院、胡同等代表性建筑。北京既有以皇家建筑为代表的皇城文化，也有以名人故居、会馆为代表的士人文化、平民文化。士人文化、平民文化最集中的区域有琉璃厂、大栅栏、天桥等，很多都属于原宣武区管辖的范围。

一座城市历史越悠久，建筑往往越陈旧，越需要保护和维修。北京旧城改造使老城区环境变整洁了，住宅、交通设施得到改善和更新，特别是对平房区、棚户区的整治和改造，使居民生活得更加舒适、便捷。但是在改造过程中的一些大拆大建行为，使城市景观和古都风貌受到影响。有人说，城市中的建筑和地名就是城市地域文化的载体，但现在这些文化载体随着城市改造有的逐渐消失，有的虽然还在却失去了原来的味道。

原宣武区的地域文化保护也面临同样的问题。我们担心这些原来在空间分布上彼此靠近、文化内涵一脉相承的地域文化，会随着"宣武"这个地名的消失而逐渐淡化。

通过讨论，学生确定小组的项目主题是"城市地域文化的保护"，驱动问题是"如何保护和传承原宣武区的地域文化？"

（二）分组

分组办法，我们以学生自愿分组为主、教师调节为辅。研究原宣武区的地域文化，需要进行多次实地调查和访谈，因此，组员最好住在原宣武区附近。分组的结果是，6人中有4人住在原宣武区；从性别上来说，3男3女，外出调查、访谈比较安全。

（三）确定学习目标

确定学习目标，是将产品分解为阶段目标和具体任务，是列出准备过程中的重要事件，有助于最终达成产品。

1. 通过查阅资料，了解原宣武区的地域文化特点。
2. 写出格式规范、论证严密、符合逻辑的研究报告或论文。
3. 设计出保护、宣传原宣武区地域文化的方案。
4. 能够使用PPT在众人面前清晰且重点突出地介绍本组

产品。

5. 通过研究，更加关注北京的地域文化与城市发展，热爱家乡文化。

通过确定目标，使学生认识到文化传承的重要意义。即使项目学习结束了，也能在日后的生活中主动地关注"宣南文化"。比起知识和技能的传授，我们更希望学生在行为上有一些变化。

（四）确定项目产品

学生的地理主题项目学习，目标是要了解原宣武区的地域文化特点，使其不会因"宣武区"地名的取消而受影响。学生需要通过查阅资料、走访调查，了解原宣武区文化的地域属性。他们可以查找原宣武区的名人故居、会馆、寺庙、胡同等，观察它们的布局，了解这些建筑的历史背景。自己知道仅仅是第一步，更重要的是让更多的人知道，让更多的人参与到对它的保护中来。

最初，学生了解到，原宣武区行政区划的变化发生在北京治理"大城市病"的背景下。在城市化快速发展的今天，北京中心城区"疏解非首都功能"、治理"大城市病"成为北京的首要任务。学生从经济和政治两个方面来解释行政区合并的原因。

经济方面，中心城区合并可以节约行政成本。例如，原西城区的税收是原宣武区的近4倍，但是他们的行政经费支出是一样的，为了合理整合资源，国务院下达了合区的命令。

政治方面，合区便于未来统一规划旧城，发展首都核心区，不再像现在一样各自为政。合并后的新的东城区、西城区空间范围并不大，中央政务服务功能和历史文化名城保护功能就已足够支撑这两个区域的发展。

学生提出，项目产品要能体现"宣南文化"的美感和深厚底蕴，这样才可能让人们有保护和传承的愿望。最终提出了三种方案。

第一种方案，原宣武区有些胡同、名人故居已经成为旅游景点，有的还籍籍无名。随着社会的发展，来北京旅游的中外游客越来越多，很多人都希望看到带有北京城市独特印记的东西，来一场深入到城市角落的行走，能否设计一条将原宣武区特色建筑和胡同串联起来的"宣南文化"特色步行路线或骑行路线。原宣武区保留有不少胡同，比较窄，要想深入到其中，提倡游人步行或使用单车，既环保又能亲身体会胡同历史文化的厚重感；还可以拍摄视频，沿途介绍和解说，给那些没办法来北京但又对这里的地域文化感兴趣的人观看。

第二种方案，设计文化产品。为"宣南文化"设计一些文化LOGO，用来装饰街道、路牌、公共用品（如长椅、垃圾桶）等；也可以设计系列图画，绘制成街边的文化墙。

第三种方案，创办一个公众号，介绍和宣传"宣南文化"。

经过讨论，他们发现小组组员都不太擅长绘画，第二种方案不可行；而创办一个公众号的工作量比较大，后续维护也比较困难，第三种方案也放弃了。于是，大家把目光聚焦在了第一种方案"设计一条能体现'宣南文化'特色的深度旅游路线"。

因此，最终的项目产品是：一条特色旅游路线的设计方案，包含路线、景点介绍。

（五）制订项目计划，分配任务，师生约定课下交流时间

项目活动时间共 5 周，要按照老师提供的总进度制订小组计划。

第一周：制订计划，小组分工。

第二、三周：按照计划收集资料，进行社会调查等实践活动。

第四周：形成论文或研究报告初稿，项目产品框架形成，与

指导教师进行研讨。

第五周：产品展示与交流。

（六） 教师需要提前准备的物品

教师需要在第一节课发放的物品有：针对课标内容编写的学案和制作的微课视频、项目手册、家长通知书、评价表、学生曾经制作的优秀作品、展示评价标准。

二、 中期——项目实施

（一） 教师需要提供的资源

1. 教师推荐的书籍，《胡同与北京城》《胡同里的科学家》《北京宣南文化游》。

2. 论文网站：中国知网。

3. 学校计算机房公用网络。

4. 推荐参观北京宣南文化博物馆。

5. 有关北京城市地理的微博、微信公众号。

6. 关于如何进行社会调查（访谈）、文献查阅的微课视频。

在活动过程中，学生和指导教师要及时沟通，教师要督促和提醒学生及时填写项目手册。

（二） 学生需要完成的实践活动

1. 调查走访原宣武区的历史古迹

生活在原宣武区的学生并不真正了解身边的胡同和建筑。学生可以先阅读一些人文地理类、历史类、旅游类的书籍，并根据自己的活动能力确定调查范围。在实地走访中，要运用地图记录人文景观的准确地址，记录其修建历史，并从地理角度做一些分析和描述。如果设计旅游路线，可以手绘地图路线。这些分散的点状地物，要有一条内在的线索把它们串起来，而不能走到哪儿说到哪儿。

2. 调查游客的意愿

想满足深度游览的需求，就要做一些调查。学生在琉璃厂对游客进行采访，很多游客表示愿意深度了解老北京居民的日常生活。既要看皇家景观，还要看民间生活。学生可以把游客想看什么、想怎么看都设计在旅游路线里。地域文化的传承，不同于一般意义上的旅游宣传，要体现地域文化特点。

3. 参观宣南文化博物馆，采访专家和工作人员

宣南文化博物馆的前身是长椿寺。学生通过采访博物馆的工作人员，了解到博物馆附近的学校每年都会组织学生来参观宣南文化博物馆。但在采访去过的同学时，发现多数同学即使参观过博物馆，也对馆藏文物印象不深，理由是参观时走马观花，没仔细看；参观时人太多，讲解员的话听不清楚等。这些现象表明，集体参观时学习效果会打折扣。

学生参观回来后提出，无论设计多好的项目产品，能吸引大众的注意力才是最重要的。怎样才能让老百姓，尤其是青少年学生感兴趣呢？毕竟"宣南文化"需要被年轻人了解和传承下去。

4. 阅读相关书籍

学生将查阅的文献资料和访谈调查的资料汇总之后，设计出了两条旅游路线。

第一条："老城的赞歌"，宣南文化博物馆—礼拜寺—琉璃厂—前门—大栅栏。

第二条："名人的摇篮"，龚自珍故居—康有为故居—谭嗣同故居—湖南会馆—中山会馆—安徽会馆—湖广会馆。

但在产品的呈现方式上，大家不满足于直接绘制路线图，因

为那样不够吸引眼球。正好组内有擅长计算机技术的同学，大家最后决定做一个关于宣南文化的 App 模型，名字就叫"老北京"。他们的理由是，现在的年轻人都喜欢玩手机，很多人还特别喜欢玩电子游戏，如果把游览内容以游戏的形式包装起来，大家一定喜欢看。因此，学生把路线设计成通关的形式，每到一个地点，使用者都可以参与答题，跟着路线了解沿途的文化。答对题目可以换取一些小奖励，答不对则可以通过小贴士学习正确的知识。

5. 完成论文，设计方案，制作 PPT 演示文稿，准备项目产品交流

　　这个项目学习，需要学习与"宣南文化"有关的历史、地理知识。制作产品时，还需要有一定的计算机技术。小组同学分工合作，经过一个月的努力，反复打磨细节，不断完善 App 的功能和界面，项目产品终于成型了。

　　为了使学生的项目产品能得到真正使用者的评价，我们请来了家长、专家和其他学校的教师共同出席交流会。

　　展示介绍时，负责讲解的同学口齿伶俐、思路清晰，项目产品本身也很有新意，得到了大家的肯定。但成年人考虑问题更现实，一位家长提问：做 App 的启动资金怎么办？一位专家提问：你们提到的小奖励如何兑现？

　　这些问题使学生意识到项目产品从设计到落地还需要走很长的路。项目学习拉近了从书本到现实的距离，学生是真的开始思考真实问题了，这个过程好像埋下一颗种子，相信以后遇到类似的问题，他们会更敏锐、更从容。

三、 后期——反思

项目产品交流结束后，师生照例要做评价和反思。一个月的时间，虽然辛苦，但却是一次全新的体验。每一次项目学习，都有很多需要我们记录的宝贵经验和不足，只有投入进去，项目学习才会有效地推进，并最终产生令人满意的项目产品。

此次项目产品交流很充分，学生第一次面对近 100 名观众阐释自己的想法，之后根据观众的意见对项目产品提出了进一步改进的意见。他们认识到，纸上谈兵和解决实际问题差异很大。实际问题更复杂，需要前期调查，积极地想办法，要耐心沟通，发挥集体的智慧。

第四节
"解决'板厂胡同停车难'问题"项目案例

为了使学生对北京城市发展有更深入的了解，笔者特意拜访了大栅栏旧城改造指挥中心的专家，专家对着地图进行了详细的讲解，我把采访的音频放给学生听。我们学校东面就是大栅栏胡同区，应该说研究胡同天时、地利、人和。

由于本节案例与第三节案例的探究过程一致，因此，下面的介绍会略过与第三节相同的部分，仅介绍这一项目不一样的研究内容和项目产品。

一、为什么从关注南锣鼓巷变为关注板厂胡同？

这组同学最开始关注南锣鼓巷的原因很简单。首先，这组同学听说另外两个小组都要研究学校附近的大栅栏地区，为了避免选题冲突，他们决定另辟蹊径；其次，南锣鼓巷现在的知名度很高，网上介绍很多，外地人到北京旅游多会选择去南锣鼓巷一游。

南锣鼓巷是北京最古老的街区之一，其发展历史可以追溯到元代。南锣鼓巷完整地保存了元代胡同的院落肌理，尤其在很多胡同被拆迁之后，其完整性显得更加弥足珍贵。这组同学大多没去过南锣鼓巷，他们很好奇：南锣鼓巷究竟有什么魅力吸引如此多的游客？网络上也有另一种声音，认为南锣鼓巷太商业化，失去了胡同文化原有的味道。这种商业开发给胡同文化带来了哪些影响？居民对此有什么看法？这些问题都促使这组同学下定决心去实地考察一番，期待发现可供研究的选题。

为了使实地调查更有效率，这组同学先上网检索关于南锣鼓巷及其改造的文章。根据文献资料可知，按城市功能分区，传统上南锣鼓巷属于居民区。改革开放后，南锣鼓巷由于地理位置优越——毗邻故宫、历史古迹众多，很多游客在游完故宫、领略了皇家文化后，愿意再看看北京老百姓居住的胡同和四合院，体验不一样的旅游资源。于是，大量商贩逐渐在此聚集。由于疏于管理，胡同变得又脏又乱，既影响居民生活，又影响市容。北京市政府对南锣鼓巷进行了一系列的整治，通过完善基础设施、规范商户经营模式，使南锣鼓巷变成国内外游客都喜欢的老北京胡同。因此，南锣鼓巷的利用方式从单一的居住用地变成了居民区和商业区混合兼用的格局。

2018年5月，这组同学对南锣鼓巷及其附近的胡同进行了调查。周末的南锣鼓巷游人如织，同学们访谈了一些游客和商贩，大家对目前的商业现状表示基本满意。同学们还想找居民调查，但临街商铺的经营者基本都不是本地居民，于是同学们走到附近的一些小胡同继续调查。

他们随机来到了板厂胡同，采访了胡同里的一些居民。居民集中反映了两个问题：一是卫生状况不太好，胡同里虽然有众多的保洁人员，但有限的环保力量难以解决庞大的游客群体产生的大量垃圾，尤其在节假日更加严重；二是出行难、停车难的问题。

这组同学经过讨论决定聚焦胡同居民停车难、出行难的问题，他们认为这个问题有研究价值。同学们将驱动问题定为"如何解决板厂胡同停车难的问题"，他们认为板厂胡同停车难与当地功能分区的变化有直接关系，因此，项目主题定为"北京城市空间结构和城市发展"。

可以看出，这组同学是从实地调查当中发现居民面临的问题的，然后据此生成驱动问题。

二、 确定学习目标和项目产品

1. 通过实地调查和访谈，了解板厂胡同停车难的现状和原因。
2. 写出格式规范、论证严密、符合逻辑的调查报告或论文。
3. 设计出有效改善板厂胡同停车难的方案。
4. 能够使用PPT在众人面前清晰且重点突出地介绍本组产品。
5. 通过研究，更加关注北京旧城区的改造。

三、 实地调查和初步的想法

这组同学前后三次去南锣鼓巷、板厂胡同及附近地区进行实地调查。南锣鼓巷是一条南北向的胡同，北起鼓楼东大街，南至平安大街，宽8米，全长787米。板厂胡同位于地安门东大街北侧，呈东西走向，类似于南锣鼓巷的旁支胡同，西端接南锣鼓巷，全长457米，宽6米。学生发现，板厂胡同虽然不如南锣鼓巷有名，但过去是曾王府所在地，游客数量也不少。板厂胡同内有些大院是几家共用一个院子，本地居民数量较多。

经过对40多名居民的问卷调查和统计，板厂胡同的居民对当地交通的看法如下表所示。

居民对板厂胡同交通环境不满意的地方调查统计图

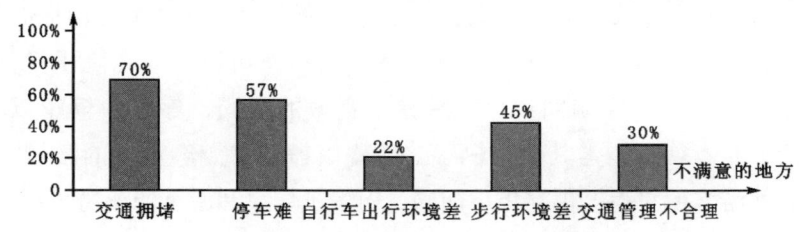

不满意的地方	比例
交通拥堵	70%
停车难	57%
自行车出行环境差	22%
步行环境差	45%
交通管理不合理	30%

从表中可以看出，居民反映最突出的问题是"交通拥堵"，约70%的居民认为堵车已经对生活产生了严重影响。拥堵的主要原因是受客观条件限制，胡同通道狭窄，通行宽度仅有4米多；其次是板厂胡同位于市中心，外围交通干道拥堵，胡同内部人流量大。

约57%的居民反映"停车难"的问题，每天回家找车位都跟打仗似的，需要花很多时间，有时候实在找不到合适的位置，还会被贴条罚款或者被剐蹭。

约45%的居民反映"步行环境差"的问题，这主要是因为游客数量过多造成的，也与私家车占道有关。

板厂胡同的居民刘大爷说：你看看这里，开车进不来出不去，只能逆行。这是因为西边接着南锣鼓巷，白天就把胡同的西头堵上了，不让私家车走，每天晚上11点多才可以挪车，太麻烦了。

居民王阿姨说：在胡同里遛弯儿也不太安全，总有车跟在人后面按喇叭，整个胡同是单行线，可是还是有车从里面出来，这时候两个车就会怼上，谁都没法走。

居民李叔叔说：其实胡同里就不应该走车，可是孩子上学、老人瞧病，没车行吗？

通过调查分析，这组同学了解到过去胡同里机动车数量少，20世纪80年代大家还是以自行车出行为主，胡同的宽度绰绰有余。可是随着人们生活水平的提高，从20世纪90年代开始私家车数量逐年增多，有些人家还有不止一辆车。一辆轿车的占地面积相当于三四辆自行车的占地面积，自行车可以停放在院子里，小轿车只能停在胡同里，本来就不宽敞的胡同，停了一辆车以后，基本就不能走其他车辆了。随着南锣鼓巷游客数量的激增，有些游客的车也会停在板厂胡同，引发了居民和游客的矛盾。

为了保障居民的权益，也为了使南锣鼓巷成为一条真正的步行街，板厂胡同与南锣鼓巷连接的位置设立了白天禁行的标志，胡同也设置成单行线，避免双向行车引发拥堵。但带来的问题就是，胡同的东头是开放的，车辆可以从东面进入，但出去就比较困难，必须违规逆行，还容易把路堵死。胡同内虽有少量停车位，但僧多粥少，无法满足居民的需求。目前采取的办法是先到先停，但也会因为占车位引发矛盾。

在北京胡同停车难的问题普遍存在。板厂胡同的居民只能是八仙过海、各显神通，自己找犄角旮旯停车。可以说有车族每天都为这件事烦心。面对这个问题，同学们也陷入了沉思。

四、 几易其稿的应对方案

根据停车难的现状，这组同学积极讨论解决方案，以下就是本组讨论的过程，基本的思路体现在两个方面：减少胡同里的私家车数量；寻找更多的停车空间。

第一个方案：鉴于胡同商业化趋势越来越明显，能否让部分居民搬走，以此来缓解停车压力。经过调查后发现，这里的居民已经习惯了胡同生活，留下来的也以中老年人为主，还有一些是租住在此的年轻人。部分老年人已经在此居住了几代，大部分人都是故土难离，不愿意搬走。于是这个方案被否定了。

第二个方案：把胡同改成步行街，让所有的私家车均停在外面。这就需要在板厂胡同外部设立停车场。这组同学走访了板厂胡同周边地区，想看看有没有合适的选址，结果发现周边以住宅区为主，根本没有多余的空地用于建造一个新的地上停车场。而且这里是北京的中心城区，寸土寸金，建造新的停车场成本很高。于是这个方案也被否定了。

第三个方案：建设地下停车场。地下停车场的优点是容量大，基本不占用城市土地，不影响原有的地面建筑；缺点是建设成本高，施工周期长。这组同学查阅了建设地下停车场的一些工程要求，再结合板厂胡同的地理环境，发现附近是地铁 8 号线南锣鼓巷站，而且这里有地下水系经过，地质构造比较复杂，这些都有可能增加施工难度。考虑到这些问题，同学们决定还是把眼光投到地面上。

最终大家决定改造现有的地面停车场，节省成本和缩短施工周期，使方案可行性增强。

五、最终的产品及产品交流

在否定了几种方案后，这组同学提出将原有的停车场进行改造来增加停车位。同学们用手机搜索附近的停车场，共有 10 个，有单位的停车场、有市政管理的停车场……其中最近的停车场在南锣鼓巷地铁站旁，其优点是距离板厂胡同较近，居民步行不到

10分钟即可到达,停车场面积较大等;里面停放的车辆主要是附近单位工作人员的私家车、旅游公司的大巴等,胡同里的居民很少停在这里。

　　同学们忍不住好奇:这儿离胡同不远,且有车位,为什么没有人停在这里呢?居民反映:停车场管理混乱,停车费用也高,居民负担不起。现在胡同里停车虽然找车位麻烦,但是不花钱。因此,同学们得出结论:如果胡同里的车位也能管理起来,适当收取费用,同时外部停车场合理收费,大家肯定愿意停放。

　　不过,如果板厂胡同居民区的车辆都停放在这里,该停车场肯定无法提供足够的车位。于是,同学们提出以下几点改进措施来弥补它的不足:第一,整顿停车场内部的停车秩序,设立标志牌,规划停车位;第二,将停车位优先出租给附近居民,并使居民和游客错峰停车,同时适当减少居民支付的停车费用;第三,建立地上立式停车位,在确保不影响南锣鼓巷地区整体风貌的基础上增加停车位。

　　在产品交流会上,有家长质疑立体停车会不会侵犯居民的隐私,因为胡同民居多为平房。针对这个质疑,学生经过分析认为不太可能。第一,这个停车场位于胡同口附近,大部分居民区距停车场有一定距离,不在视野范围之内;第二,多数院子中间都加盖了平房,剩下的通道极其狭窄,从高处很难看到居民家里;第三,胡同里的居民区一般都开着院门,如果真想窥探居民隐私,没必要通过这种方式。还有一位教师提问:小组同学是否考虑到最后这个停车场由谁来建造?这个问题同学们确实没有想好,这里面涉及的很多问题都需要政府机关出面。这位教师提出的建议是写成提案,由区人大代表帮助提交,争取使同学们的研究成果能解决实际问题。

六、 项目学习反思

通过本次项目学习，同学们认识到在城市逐渐发展扩大的过程中，城市空间结构会不可避免地发生变化，旧的功能分区可能在某一天无法满足目前发展的需求。

城市管理者在做城市规划时，既要满足居民现在的生产、生活需求，还要为未来一段时间的发展预留出空间。同时要考虑到各地的地域文化特色，保留每个城市特有的文化底蕴，避免"千城一面"。具体到北京旧城区，也要避免胡同集体商业化的发展趋势。

还有一点大家感受比较深，做项目学习解决实际问题非常辛苦，而且不能偷懒和糊弄。这次产品交流会上，大家提的问题，有很多原来都没有想到。即使实地调查过几次，集体讨论过很多遍，真到了实际操作的时候，还是发现漏洞很多。因此，以后再做项目产品，不仅要在开始的时候做前期调查，还要在后期就产品的可行性请受众群体提意见，达到尽可能地贴近实际的目的。

参考文献

1. ［美］巴克教育研究所. 项目学习教师指南——21 世纪的中学教学法（第 2 版）［M］. 任伟译. 北京：教育科学出版社，2008 年.

2. 霍益萍，张人红. 研究性学习的特点和课程定位［J］. 课程. 教材. 教法，2000（11）：8－10.

3. Gold Standard PBL：Essential Project Design Elements［EB/OL］.［2017－12－31］. http：//www. bie. org/blog/gold_standard_pbl_essential_project_design_elements.

4. 张海燕. 美国中小学跨学科课程模式简析［J］. 外国教育研究，2008（08）：71－74.

5. The Commons Project the Virtual schoolhouse［EB/OL］.［2017－11－27］. http：//www. virtual schoolhouse. net/index. htm.

6. 刘云生. 项目学习——信息时代重要的学习方式［J］. 河北教育，2001（12）：22－24.

7. 冯丹. 项目学习理念在小学信息技术课程中的运用——以 3D 建模课程《美丽的书签》一课为例［J］. 科学大众（科学教育），2017（11）：42＋132.

8. 张静，陆静，史威. 中学环境伦理教育"项目学习"初中学段参考案例——以"南京秦淮河"项目为例［J］. 中学地理教学参考，2013（Z1）：64－66.

9. 汪瑞林，杜悦. 凝练学生发展核心素养　培养全面发展的人——中国学生发展核心素养研究课题组负责人答记者问［N］.

北京：中国教育报，2016 年 9 月 14 日，第 9 版.

10. 中华人民共和国教育部. 普通高中地理课程标准（2017 年版）[M]. 北京：人民教育出版社，2018 年.

11. World Geography：Children Overseas[EB/OL]. [2017 - 11 - 27]. https：//www. lessonplanet. com/teachers/world-geography-children-overseas.

12. Grade Eight：Human Geography-Project Based Learning Task [EB/OL]. [2018 - 11 - 27]. https://prezi. com/aw2r8jxhod0a/grade-eight-human-geography-project-based-learning-task/.

13. Students and Teachers Respond to 2017's Natural Disasters [EB/OL]. [2018 - 1 - 19]. https：//www. bie. org/blog/.

14. JACKIE ZUBRZYCKI. How a School Project Made City Planners Out of Teens[EB/OL]. [2017 - 11 - 27]. https：//www. theatlantic. com/author/jackie-zubrzycki/.

15. 沈新荣. 基于项目学习的高中地理校本课程设置 [J]. 教学与管理，2015（19）：35 - 37.

16. 迟令峰，张霞. 项目式学习在培养中学生地理核心素养中的功能实现 [J]. 新课程（中学），2017（06）：189.

17. 裘伟将. 基于项目学习的区域地理教学 [J]. 教学月刊·中学版（教学参考），2017（03）：22 - 25.

18. 张晖. 开展项目式学习 提升学生地理核心素养——以《旅游路线的设计与评价》一课为例 [J]. 中国现代教育装备，2017（14）：26 - 28.

19. 赵祥麟，王承绪. 杜威教育论著选 [M]. 上海：华东师范大学出版社，1981 年.

20. [美] 约翰·杜威. 民本主义与教育 [M]. 北京：人民教育出版社，2001 年.

21. 陈琦，刘儒德. 当代教育心理学（第二版）[M]. 北京：北京师范大学出版社，2007年.

22. 中华人民共和国教育部. 义务教育地理课程标准（2011年版）[M]. 北京：北京师范大学出版社，2012年.

23. 闫寒冰. 信息化教学评价——量规实用工具[M]. 教育科学出版社，2003年.

后　记

　　本书由首都师范大学林培英、北京师范大学附属中学张丽雅撰写，是一部生成性的著作。我们在对原有项目学习初步了解的基础上，边学习、边设计、边实践、边反思、边提升，将我们的体会和实践经验总结成这本小书，希望能对我国中学地理教师了解、尝试地理项目学习提供借鉴和参考。

　　北京师范大学附属中学地理组的教师积极参与了本书地理项目学习的教学实践。单晟玮参与设计、实施、指导了初中项目学习活动；唐群、陈亚娇参与了初中项目学习的指导和高一项目学习方案的设计。我们期待后续的实践能够继续补充、完善本书表达的观念和策略。

　　在写作过程中，我们借鉴了我国和国外已有的地理项目学习的各种实例，这些都已列在参考文献中。这里向先行者表示深深的敬意！首都师范大学教育学院蔡可老师不仅提供了研究的机会和平台，给予全书以系统的指导，而且对书稿的许多具体问题提出了改进意见，我们在此表示诚挚的感谢！

　　作者对项目学习的研究水平有限。如果读者发现任何问题，请告诉我们。我们愿意和全国的地理教师共同努力，推进对地理项目学习的研究和实践。

2024 年 5 月于北京